LA CHASSE À L'IMMIGRÉ

Michel-Louis Rouquette

La chasse à l'immigré
Violence, mémoire et représentations

MARDAGA

© 1997, Pierre Mardaga, éditeur
Hayen 11 - B-4140 Sprimont
D. 1998-0024-1

*Si tous les hommes donnaient le même sens
à ce qu'ils appellent beau et sage,
il n'y aurait entre eux ni discussion ni discorde.
Mais ce que les mortels jugent semblable
ou égal ne l'est que de nom, et ne l'est pas en réalité.*

Euripide, *Les Phéniciennes* (trad. G. Hinstin).

Avant-propos

Proche ou lointain, mais proche surtout, quotidien ou exceptionnel, le racisme nous étonne, nous indigne, nous révolte. Nous réagissons donc par la morale et le sentiment, selon ce qu'il faut bien appeler une rhétorique du pathos. Mais les racistes aussi, précisément, qu'une odeur, un faciès, un vêtement, une langue révulsent. Les arguments de l'identité menacée n'ont pas moins de fondement que ceux de l'universalité proclamée, et ils n'en ont pas plus.

Certte pathologie, puisque nous avons l'habitude de la considérer ainsi, exige sans doute plus, pour être traitée, que la simple agitation des cœurs et le rappel de l'hygiène. La médecine aussi a eu longtemps de la maladie une conception morale, que l'approche psychosomatique a d'ailleurs prolongée jusqu'à nous. « Fléau de Dieu », épreuve destinée à tremper les corps et les âmes, châtiment après une vie d'écarts ou affection qu'on « se » fabrique, on imaginait dans tous ces cas qu'elle pourrait être suspendue par la parole, celle des conjurations, celle de la prière ou celle qui s'égrène au confort du divan. C'est par la parole qu'on prétend de même traiter le racisme : la propagande bien intentionnée, l'éducation attentive, la prohibition de certains mots, quelques badges de couleur et deux ou trois slogans s'en chargeront... Mais l'expérience a montré que les microbes résistaient bien à la parole, s'ils ne résistent pas toujours à la chimie. Au moment où l'apartheid était enfin levé en Afrique du Sud, le Rwanda se préparait au massacre et l'ex-Yougoslavie connaissait les horreurs de la purification ethnique. Endiguée ou vaincue ici, la peste (oui, le mot convient dans sa banalité, non seulement parce qu'il désigne l'horreur contaminante, mais surtout parce qu'il implique un *germe*), cette peste donc renaissait ailleurs, malgré toutes les condamnations et les objurgations les plus vives. On sait qu'elle renaîtra encore. Nos dimanches et nos soirs de fête n'en sont pas toujours exempts. Les microbes résistent bien à la parole.

Nous avons tendance à trop personnaliser les conduites en recherchant un mobile ou un caractère derrière ce que les actes délivrent. Je crois que le raciste en tant que figure de personnalité n'existe pas, sinon aux marges du monde social et comme spécimen insignifiant. On ne nourrit pas sa vie d'une haine, on accommode sa haine à d'autres passions. Ce personnage brutal, méprisant, adorant au fond le spectacle des faiblesses qu'il invente ou croit reconnaître chez les autres, toujours obsédé de frontières et d'interdits, ne porte en tant que tel aucun projet qui pourrait absorber sur la longue durée l'ensemble de ses pensées et de ses actes. C'est pourquoi, sans doute, il est si rare. Prenez même Gobineau ou Céline : tant de pages sur une telle obsession ! Et cependant, réduire l'un et l'autre à cette manie serait stupide — ou inculte. Ces écrivains maudits n'ont d'ailleurs jamais tué personne. Au contraire, le père tendre, l'amant attentif, le fils modèle (et n'oublions pas dans cette galerie de portraits, car il les coiffe tous, le bon citoyen), sont extrêmement communs : si l'occasion se présente, ils mépriseront et tueront aussi bien, peut-être mieux, que le premier venu. Il n'est pas besoin de personnalité particulière pour cela, pas même d'idéologie dans un sens un peu fort.

Je me trouvais en Roumanie quelque temps avant la chute de Ceaucescu. Un collègue, professeur à l'université de Bucarest, me fit un jour visiter la ville à pied. Comme nous approchions de je ne sais plus quelle basilique dont il me racontait l'histoire, mon accompagnateur descendit soudain du trottoir pour marcher au milieu de la rue. Je le suivis sans comprendre. Je compris lorsqu'il reprit le trottoir un peu plus loin : il avait tout simplement évité, par un grand détour, un groupe de Tsiganes qui discutait paisiblement près d'une borne. Il ne fit aucun commentaire, moi non plus.

Le lendemain ou le surlendemain, je dînai chez le consul de France. Nous étions peu nombreux, cinq ou six, autour d'un saladier glacé de caviar de contrebande. Etait invitée aussi une dame blonde, une Roumaine charmante, pianiste de renom. Je me souviens de son français modulé, de sa grâce un peu formelle et de son regard bleu. La conversation vint à rouler sur la question tsigane. Après avoir raconté deux ou trois anecdotes horribles où il était question de chercheurs de champignons égorgés en forêt et de promeneurs saignés comme des volailles, la pianiste conclut tranquillement qu'il était impossible d'intégrer les Tsiganes et qu'il faudrait les exterminer. Avec toute la politesse requise, le consul tiqua : « Est-ce que vous vous rendez compte, Madame, que vous parlez comme Hitler à propos des Juifs ? » La dame rétorqua avec assurance : « Mais ce n'est pas du tout pareil. Les Juifs, eux, n'avaient rien fait. »

Le consul et la pianiste oubliaient tous les deux que les Tsiganes aussi avaient été déportés par les nazis. Cet oubli en dit déjà très long, à sa manière, sur certains des aspects qui seront développés par la suite dans ce livre.

Allons droit au but. Ce qui est en cause lorsqu'on stigmatise un groupe, c'est une question de *connaissance*. Je ne veux dire ni la connaissance de l'autre dans le sens psychologique vulgaire ni la connaissance scientifique du monde à laquelle on prêterait des vertus curatives ou préventives. La fréquentation de l'étranger ne le préserve pas, non plus que le savoir, fût-il bien formé, qu'on accumule sur lui. Je veux parler des conditions, des structures et des procédures de la connaissance quotidienne lorsqu'elle s'applique, en particulier, à la réalité sociale. Cela n'a rien à voir avec la conscience. Le racisme ne se fabrique pas comme le péché, lequel suppose à la fois l'habileté du tentateur et la faiblesse de la créature. Si nous y sommes prédisposés, ce n'est pas à cause de la malignité de notre nature, dans laquelle le rôle du tentateur serait tenu par je ne sais quelle pulsion et où la faiblesse prendrait tour à tour les visages du conformisme, de la bêtise, de l'intérêt ou de l'orgueil. Les choses sont beaucoup moins dramatiques, au sens théâtral du terme, et beaucoup plus difficiles à démêler qu'une vague intrigue faustienne.

Cela n'a rien à voir non plus avec la science. De quoi parlons-nous au juste, d'ailleurs, lorsqu'il est question de science ? Du savoir supposé objectif dont quelques professionnels détiennent chacun une parcelle ou de l'état général des connaissances de la population ? Sur ce deuxième point, la déception risque d'être grande. La science est en gros confondue avec la technique, qui présente cet énorme avantage, si l'on peut dire, de n'obliger à aucune réforme de pensée. La télévision, l'informatique et les satellites laissent intacts les préjugés du sens commun. S'il faut rappeler ces banalités, c'est parce qu'on n'en tire jamais les conséquences. Mais répandez tant que vous voudrez les concepts et les acquis de la génétique : le racisme ne reculera pas d'un pas, parce qu'il ne parle pas du tout de la même chose et que ses intérêts n'ont rien de commun avec ceux de la science. Autant imaginer qu'un exposé sur la biologie moléculaire puisse faire régresser la croyance aux guérisseurs.

Cette référence n'est pas au hasard. Les processus impliqués dans les deux cas sont les mêmes, pour peu qu'on les saisisse sous l'angle de leurs exigences fonctionnelles. La présence du guérisseur s'inscrit dans un réseau de relations et de cognitions qui déborde très largement la place qu'il occupe. Disons rapidement qu'il y faut une société de proximité (celle qu'incarne au mieux, mais non exclusivement, le monde rural), et une conception «élargie-rétrécie» de l'univers qui s'éprouve chaque jour sur toutes sortes d'objets. Conception rétrécie à l'immédiateté de l'environnement, de la communauté et des besoins; «élargie», paradoxalement, par la conviction de l'existence du caché, de l'invisible opératoire et des secrets enfouis. Sans ce double réseau (densité des relations proximales et système de cognitions ambivalentes), le guérisseur ne serait rien. Tant que ce double réseau n'est pas attaqué, la croyance au guérisseur n'est pas touchée.

De même, le racisme et la xénophobie apparaissent non seulement par suite de rapports sociaux qui mettent des groupes différents en contact dans une situation de concurrence, mais surtout par suite de la mise en œuvre de formes et de principes de connaissance qui semblent livrer le monde même à ceux qui en sont porteurs. Cette «pensée sociale», comme on a pris l'habitude de la nommer, repose sur une véritable épistémologie qui n'a rien de commun avec l'autre, celle des sciences. L'administration de la preuve, en particulier, n'y obéit pas aux mêmes règles, la fonction du savoir n'y répond pas à la même économie. Cette théorie non réfléchie de la connaissance, toujours appliquée, prend ses objets dans l'environnement immédiat; elle ne se règle pas sur un découpage en disciplines, mais aborde, avec une grande monotonie de moyens, les problèmes petits ou grands, exceptionnels ou récurrents, qui assaillent la communauté. Elle n'a pas en général le goût de la conquête, plutôt celui de la préservation. Elle aboutit au jour le jour (mais on pourrait dire en un autre sens, au siècle le siècle) à des contenus spécifiques, qui sont éventuellement contradictoires d'un groupe ou d'un moment à l'autre, mais qui procèdent de principes et de schèmes génériques.

De ce point de vue, le racisme n'est pas une excroissance aberrante dans cet univers cognitif; il est de la même venue que la croyance aux horoscopes, par exemple, ou que l'adhésion militante à la Sagesse des Nations. Non pas que les clients de l'astrologie ou les bavards sentencieux soient nécessairement racistes; mais les principes de connaissance dans lesquels tous ancrent de fait leurs déclarations, leurs convictions et leurs conduites sont un peu plus qu'apparentés. De quoi s'agit-il en effet ? De préférer l'identité, personnelle ou collective, à la rationalité ; de tenir ainsi pour vraie l'idée reçue par le seul fait qu'elle soit reçue ; de détourner son regard de l'histoire et des héritages dont elle nous gratifie ou nous accable pour le porter en toute spontanéité sur ce que nous croyons être la nature immuable des choses. Je ne prétends pas décrire ainsi des perversions cognitives qu'un bon programme d'éducation pourrait réformer. Et dois-je ajouter que je les partage, malgré moi mais comme nous tous, à un moment ou à un autre ?

Cette pensée a ses modes d'expression privilégiés et son architecture. Les conversations quotidiennes, les médias, les rites institués la portent et la cultivent. Elle ne se transmet pas autrement. Certains ordres de phénomènes la mettent d'un coup en évidence. On retiendra ainsi, pour ce qu'ils ont de particulièrement révélateur, le cheminement de la mémoire collective et le jeu des rumeurs. Quant à l'architecture, pour en dire un seul mot, les représentations sociales y occupent une place essentielle, avec la construction des mondes politiques.

On a pris ici un exemple. Il présente les avantages et les limites de tout exemple : s'il permet d'illustrer telle ou telle bribe de théorie, s'il oblige même la réflexion à affronter des difficultés qu'elle n'avait pas prévues, s'il peut éventuellement aider à comprendre des situations apparentées, il n'épuise rien de la problématique qui l'a fait choisir et il conserve lui-même, çà et là, sa part d'ombre. Il en est plus ou moins ainsi de chaque histoire, parce que sa signification déborde toujours ce que nous pouvons en dire et parce que la contingence des choses ne convient jamais tout à fait à ce que nous voulons dire. C'est peut-être dans cette faille entre le concept et l'exemple, entre le reconnu et le méconnu, que mûrissent le plus sûrement les promesses du savoir à venir. Mais c'est aussi de cette faille que peuvent surgir à tout moment les visages déformés qu'on ne voudrait plus voir.

Chapitre 1
Aigues-Mortes : les faits

D'abord, l'endroit a mauvaise réputation. Lorsqu'il le visite au milieu du XIXᵉ siècle, Alexandre Dumas n'y voit que d'«immenses marais» et, s'étonnant que l'on puisse y vivre, admire «à quel degré peut être portée la résignation humaine». En effet,

> Quant aux habitants, leurs anciens privilèges, la situation de leur ville au milieu des marais, l'air méphitique qu'ils respirent, ont eu sur eux un effet moral, aussi visible et aussi grand que l'effet physique. Ne demandez pas aux Aigues-Mortains (*sic*) l'ardente vivacité des méridionaux, cette turgescence vitale qui se répand dans les paroles et les gestes des Languedociens et des Provençaux ; non, ils vous répondront, avec l'accent triste et indolent des hommes du Nord, qu'ils ne peuvent pas dépenser leur énergie inutilement, n'ayant pas trop de toutes leurs forces pour vivre[1].

Tout cela n'empêche pas l'hospitalité et Dumas retrouve bientôt le confort qui lui sied auprès d'un bon vivant, d'un bien vivant :

> Nous vîmes avec plaisir que notre hôte, tout maire d'Aigues-Mortes qu'il était, ne paraissait nullement soumis à l'influence de l'air qui attaquait ses administrés. Nous lui en fîmes nos compliments bien sincères. Il nous expliqua alors que ces fièvres si redoutées n'atteignaient que les malheureux qui, après un long et pénible travail, ne trouvaient dans leurs maisons ni la nourriture saine ni l'abri salubre qui dans tous les pays sont les premières conditions d'une bonne santé. Toutes les personnes possédant quelque fortune et pouvant prendre les précautions d'hygiène et de température les plus simples, échappaient, nous assura-t-il, comme lui, au fléau caniculaire. Il y avait quarante ans qu'il habitait impunément Aigues-Mortes, et il espérait bien l'habiter quarante ans encore sans avoir rien à démêler avec aucune maladie[2].

Le gîte et le couvert acquis, voilà ce qui retient, d'ailleurs à peine, le voyageur : une désolation esthétique, quelques traces d'archéologie, le souvenir de saint Louis et l'abondance du gibier. Dumas ne mentionne presque pas l'existence des salins, ne voit pas le sel, encore moins le travail du sel, la mobilisation d'hommes que ce travail entraîne, les intérêts petits ou grands qu'il permet de satisfaire, à coups de pelles ou de billets. On est loin du naturalisme, bien sûr, plus loin encore de cette «littérature du métal, de la vitesse et du chèque»[3] qui célébrera la modernité à partir des œuvres de la finance et du labeur.

Pourtant le sel, depuis des siècles, constitue ici une ressource agricole à laquelle tous les pouvoirs ont été attentifs pour la protéger, la développer, en imposer les bénéfices[4], et qui occupe, directement ou indirectement, un grand nombre de gens. Moins aléatoire que l'exploitation de la vigne, celle de l'eau de mer, si l'on peut dire, répond en outre à une nécessité collective que rien ne semble pouvoir démentir. Dans la mémoire comme dans le corps des hommes, le sel a ce privilège de conditionner la vie. Tradition et économie, symbole et marchandise, au moins temporairement, se confondent. Parmi les plus anciens (ils ont été acquis par Philippe le Bel en 1290), les salins de Peccais, situés à quelques kilomètres de la ville, sont aussi les plus grands. Une première union de producteurs s'est déjà formée au début du dix-huitième siècle. Peu à peu, le marché se développe avec l'accroissement général de la population, l'amélioration du niveau de vie et les besoins grandissants de diverses fabrications. La Compagnie des Salins du Midi, qui fait entrer l'exploitation dans l'âge industriel, est fondée en 1856.

LE SEL DE LA TERRE

Dans cette région, la récolte du sel est annuelle et comporte deux étapes qui mobilisent une main d'œuvre importante au plus fort de l'été. La première, appelée «battage», consiste à collecter à la pelle le sel qui s'est déposé dans les cristallisoirs et à l'entasser provisoirement en «gerbes», dont le nom, la répartition et la forme évoquent les meules des champs. A la fin du XIXe siècle, cette opération dure à Aigues-Mortes une quinzaine de jours en juillet. Vient ensuite le «levage», au cours duquel on transporte le sel à la brouette jusqu'aux emplacements prévus pour un stockage durable. On édifie alors des «camelles», grands volumes recouverts de joncs ou de tuiles et ceinturés de planches.

Pour l'opération du battage, la Compagnie des Salins embauche directement les ouvriers saisonniers dont elle a besoin. Elle en recrute ainsi 1 300 pour la campagne de 1893. Le salaire est de cinq francs par jour, tout à fait dans les normes de l'époque pour le travail non qualifié. En ce qui concerne le levage, par contre, le recrutement se fait selon le système très particulier des « bricoles ». La Compagnie reçoit d'abord les offres de service d'un certain nombre de « chefs d'équipe » indépendants. Elle fixe alors à ceux qu'elle a agréés une certaine quantité à réaliser, la rémunération étant convenue d'avance par tonne de sel. Selon le rendement qui leur a été demandé, les chefs de bricole engagent eux-mêmes les hommes nécessaires. Les horaires de ce travail de charriage, effectué la plupart du temps sous un soleil brûlant, vont de cinq heures du matin à sept heures du soir. Le salaire atteint cette fois dix à douze francs par jour du fait de l'extrême pénibilité de la tâche[5]. Ces emplois temporaires sont donc très convoités, car ils peuvent représenter un appoint de ressources important pour un grand nombre de journaliers, de vagabonds, de colporteurs et de petits paysans. Ils attirent aussi, et pour la même raison, les immigrés frontaliers. En août 1893, sur plus de mille ouvriers employés au levage, moins d'une centaine est originaire d'Aigues-Mortes; un bon tiers est composé d'Italiens. En effet, les chefs de bricole italiens, très présents depuis plusieurs années et très appréciés des employeurs parce que la main d'œuvre qu'ils fournissent est moins chère[6], recrutent de préférence leurs compatriotes, qu'ils font le plus souvent venir exprès, en particulier du Piémont. Les autres manœuvres proviennent pour la plupart des départements ruraux voisins, notamment de l'Ardèche, mais on compte aussi une proportion significative de journaliers ambulants issus des quatre coins de France. Beaucoup d'équipes sont mixtes.

Il existe ainsi une instance intermédiaire de pouvoir entre la Compagnie des Salins et les travailleurs saisonniers. Or, cette instance est loin de se ramener à un simple relais. Elle génère au contraire ses propres règles, dont le champ d'application va très au-delà du seul travail à effectuer. Cette féodalité en miniature, qui commence dès le recrutement, est toute traversée de liens d'allégeance et de coutumes remplaçant les lois non écrites. Le pouvoir des chefs de bricole s'étend même à divers aspects de la vie quotidienne, puisqu'ils s'occupent également de l'alimentation de leurs hommes. Ils engagent à cet effet des cuisiniers, se fournissent en vivres auprès des commerçants d'Aigues-Mortes et leur achètent aussi les boissons et le tabac qu'ils revendent ensuite aux ouvriers placés sous leur contrôle. Durant l'espace d'un mois, c'est une vie communautaire, le logement et les repas étant assurés sur place.

La promiscuité est évidemment très grande. Un échotier du temps décrit ainsi les conditions d'hébergement des saisonniers :

> Les ouvriers sont logés ou plutôt parqués par centaines dans de grands locaux appartenant à la Compagnie. Ils couchent tout habillés sur de l'herbe sèche des marais placée

simplement à terre comme dans une bergerie ou écurie. Dans ces locaux, pas un placard, pas un porte-manteau pour les effets. C'est d'une excessive malpropreté. Par ces temps de chaleur, cela est un véritable danger pour la santé publique. (Le *Petit Méridional*, 23 août 1893)

Un gendarme du pays déclarera plus tard que Français et Italiens ne s'entendent habituellement pas et qu'ils vivent séparés sur les chantiers[7]. Ces espaces ouverts, mais comme le désert peut l'être, connaissent les symptômes classiques de l'enfermement. La plus petite différence suffit à faire haïr son voisin, parce qu'il n'est pas d'autre horizon humain où porter son regard. Les difficultés de communication de l'époque, qui rendent les déplacements malaisés, y ajoutent encore.

Les événements à venir évoquent irrésistiblement deux choses : d'une part les exercices de tactique sur le terrain, auxquels ne manqueront ici ni les sièges ni les mouvements ni les assauts ni les heurts ; d'autre part cette notion intuitive d'« engrenage » qu'a tentée de rationaliser beaucoup plus tard la fameuse théorie de l'escalade dans les conflits. Mais il n'y a pas ici de « riposte graduée », car l'échelle manque. Nul ne sait, en certaines circonstances, si la broutille de l'instant ne va pas se transformer en tragédie. Il suffit parfois que personne ne veuille ou ne puisse céder, et que par-dessus les principes s'en mêlent. Alors, très vite, l'enjeu initial se transforme, il se creuse ou se généralise, comme on voudra, de telle sorte que les protagonistes ne le perçoivent même plus en tant que tel et le ramènent à un mot passablement vide, une émotion, une habitude réactive presque, qui leur permet en tout cas de nouer leur rôle individuel à une emprise collective. Ils ne sont plus dans le calcul, une vague les porte.

BATTAGE DE DÉTAIL ET LEVÉE EN MASSE

Dans les dernières années du XIXe siècle, l'immigration italienne en France est particulièrement importante. Bien que le phénomène soit ancien, particulièrement dans le Sud-Est[8], il s'est accéléré depuis la fin du Second Empire. Selon la formule de Pareto[9], « tels les loups chassés du bois par la faim, nos concitoyens sont forcés par la misère de s'expatrier pour concurrencer les travailleurs étrangers ». Accompagnés ou non de leur famille, ils s'installent préférentiellement dans certaines régions, au point que leur présence relative peut y être très forte : en 1893, sur 4 600 étrangers qui résident dans le département du Gard, dans lequel se situe Aigues-Mortes, on compte plus de 3 000 Italiens[10]. La rareté globale du travail et de l'argent, la disparité des conditions de rémunération acceptées par les uns et par les autres, le poids des représentations sociales aussi, et on y reviendra, font que les incidents ne sont pas rares entre ouvriers transalpins et français dans divers secteurs de production. Sur les 89 affrontements avec des étrangers qu'on peut relever dans le quart de siècle précédent[11], plus des deux tiers mettent effectivement aux prises travailleurs français et immigrés italiens. Les événements les plus graves se sont produits à Marseille en juin 1881, causant trois morts et une vingtaine de blessés.

Cette même année 1893, des rixes ont eu lieu en avril près de Nancy, centre d'immigration important, puis quelques jours après à Aix-les-Bains, et en mai dans le département de l'Oise[12]. Aigues-Mortes connaît aussi ces tensions périodiques :

> De tout temps, les ouvriers français et les ouvriers italiens ont manifesté de l'aversion les uns pour les autres. Chaque levage des sels (*sic*) a amené des rixes. Elles étaient sans gravité. Quelques blessures insignifiantes de part et d'autre et tout était dit. Il n'en a pas été de même cette année-ci. («Récit d'un témoin», publié sous ce titre par le *Petit Méridional* du 21 août)

Deux groupes qui co-existent, inévitablement se comparent. A plus forte raison s'ils co-agissent. A plus forte raison encore si ce qu'ils doivent partager ne peut suffire à tous. L'idée qu'ils puissent avoir besoin pour cela d'indices objectifs dont ils tireraient les conclusions est une idée naïve. Les indices existent toujours, par le regard même que l'on jette, et cette intime conviction du préjugé vaut de loin toutes les preuves. Il arrive que les Italiens, dit-on, reprochent à leurs co-équipiers français de ne pas assez charger leur brouette et de compromettre ainsi le rendement de l'équipe, donc la rémunération individuelle, par paresse ou par faiblesse. De leur côté, les Français tournent en dérision des habitudes alimentaires qu'ils jugent frustes, critiquent un acharnement au travail qui leur semble suspect et un esprit communautaire qu'ils ne comprennent pas. Cette ambiance ne prédispose pas à la paix, même si elle ne peut suffire à déclencher la guerre. Elle permet du moins à des causes plus profondes, sur lesquelles on reviendra aussi plus tard, de prendre soudain un visage concret.

L'affaire commence le 16 août 1893, au cours de la pause de midi, par une bagarre qui éclate sur l'un des quatre secteurs des salins de Peccais. L'occasion en est fournie par un ouvrier italien qui utilise de l'eau potable, denrée précieuse transportée à dos de mulet, pour laver sa chemise (ou, selon d'autres témoignages, ses chaussures). Un ouvrier français le prend à partie, chacun demande de l'aide, et il s'ensuit une échauffourée vite terminée car les Français, inférieurs en nombre, cèdent le terrain. Une partie d'entre eux prend alors la direction d'Aigues-Mortes.

Un peu plus tard, sur un autre secteur des salins de Peccais situé à un kilomètre du précédent, une nouvelle altercation se déclare à propos de l'utilisation d'une barrique d'eau potable (ou, selon d'autres déclarations, à la suite d'un jet de pierre sur la cantine des Italiens : l'origine des rixes est souvent comme l'origine des rumeurs, elle se perd entre l'imaginaire et le vécu, transforme en nécessité la reconstitution d'un détail, boucle pour ceux qui la portent, ou la rapportent, le circuit de la cohérence ; il est possible, d'ailleurs, que ces deux incidents n'en aient fait qu'un). Cette fois encore, après un bref affrontement à coups de pierres et de manches de pelle, les Français ont le dessous et se replient, les uns pour se protéger dans un bâtiment que les Italiens ne tardent pas à assiéger, les autres pour gagner la ville. C'est à partir de là que les communications vont jouer leur rôle, non pas pour provoquer l'improbable, mais pour précipiter le possible.

Arrivés à Aigues-Mortes, en effet, les ouvriers venant des deux secteurs se rassemblent et, selon un mécanisme de généralisation tout à fait classique, répandent la rumeur que les Italiens attaquent systématiquement les Français sur les chantiers. Sans doute ne parlent-ils pas de bagarre, mais plutôt de mise à mort. Alerté, le juge de paix se rend sur place avec quelques gendarmes (trois ou cinq selon les sources) en début d'après-midi. Les représentants de l'autorité constatent qu'un groupe d'ouvriers italiens, dont certains sont armés de couteaux et l'un d'une fourche, menace ou assaille les ouvriers français qui se présentent. « Ils les traquaient comme des renards », déposera même quelques mois plus tard le surveillant du chantier, utilisant une image familière à une population de chasseurs. Il y a aussi des échanges de pierres, et le bâtiment qui sert de refuge aux Français est assiégé. Loin de ramener le calme, l'interpellation de l'Italien à la fourche exacerbe la colère de ses compatriotes, qui crient à l'injustice, refusent de se disperser et se font provoquants. La situation est suffisamment tendue pour que les gendarmes, se sentant menacés, demandent au juge de procéder aux sommations légales afin qu'ils puissent tirer pour se dégager. Le magistrat préfère jouer l'apaisement. Il remet immédiatement en liberté l'Italien appréhendé et retourne en ville avec les ouvriers français, alors minoritaires, qui craignent d'être à nouveau agressés. Sept d'entre eux ont de fait été blessés plus ou moins grièvement et seront conduits à l'hospice.

Mis au courant des incidents aggravés qui viennent de se produire, d'autres ouvriers quittent les divers chantiers des salins et se rendent par bandes à Aigues-Mortes. Inquiets peut-être, solidaires de fait, leur intention de susciter une mobilisation est évidente.

Bientôt, la rumeur en ville s'amplifie, alimentée par de supposés témoignages directs qui s'amalgament ou se recoupent, et rapporte que l'on compte déjà trois morts et de très nombreux blessés. On crie vengeance contre les «macaronis» (l'expression est effectivement citée) ou les «christos», autre appellation méprisante utilisée à cette époque. Un drapeau apparaît. Des petits groupes se forment pour donner la chasse aux Italiens présents dans les rues. Plusieurs dizaines de ces derniers trouvent refuge dans une boulangerie du centre où ils étaient allés régler leur compte de pain. Les deux issues du magasin sont gardées par une poignée de douaniers armés qui ont été réquisitionnés pour patrouiller en ville. Ils refusent de livrer passage aux «vengeurs» du supposé massacre des salins et parviennent à les contenir, non sans avoir dû mettre un instant baïonnette au canon. Il semble par ailleurs que des habitants accueillent spontanément des Italiens chez eux pour les protéger. Du fait sans doute de l'étroitesse de ce cadre urbain où les groupes ne peuvent manquer de se croiser puis de s'agréger, où les points de rassemblement possibles sont connus de tous, l'agitation prend corps, grossit, connaît un début d'organisation. A dix heures du soir, on compte plus de mille manifestants sur la place Saint-Louis selon le chroniqueur du *Petit Méridional*. L'agitation risque de tourner à l'émeute. Trait significatif, qui inquiète sans doute grandement les autorités et montre d'ailleurs le syncrétisme de la révolte, on voit brandis à côté du drapeau tricolore des drapeaux rouges, et on entend le cri de «Vive Ravachol»[13]!

Sous la conduite d'un capitaine, un groupe de gendarmes à cheval arrive de Nîmes le 17 août, vers une heure du matin. L'agitation est encore grande. Plusieurs brigades de gendarmerie des environs, requises par le préfet, font mouvement vers la ville. Deux compagnies de soldats (artilleurs et fantassins) également, mais elles ne sont pas encore sur les lieux et la nuit n'a pas calmé l'agitation ni le désir de représailles. Dans la matinée, une manifestation d'hommes armés de fourches, de gourdins et de fusils, précédés d'un tambour qui bat le rappel, parcourt les rues de la ville et demande que les trente-six Italiens toujours réfugiés dans la boulangerie lui soient livrés. A nouveau les douaniers de garde, assistés de quelques gendarmes qui leur prêtent main-forte, s'y opposent. Alors un mot d'ordre apparaît, enfle, est repris par tous : «Aux salins»! Rien d'étonnant dans tout cela : le chasseur va où est la proie; déçu ici, il se transporte ailleurs, et si possible au gîte.

Le cortège tumultueux, qui dispose maintenant d'un objectif, sort du cadre étroit des remparts et se dirige vers les chantiers de Peccais. Le capitaine de gendarmerie tente d'abord de lui barrer le chemin, puis d'entreprendre une négociation pour le dissuader de continuer, mais en vain. Il prend donc le galop avec vingt-cinq de ses hommes pour devancer les manifestants et, une fois sur place, regroupe dans un bâtiment du chantier les soixante ouvriers italiens qui sont encore présents afin de les protéger. Mais lorsque les manifestants arrivent, nonobstant la présence des gendarmes, ils prennent ce bâtiment d'assaut, tentent d'en défoncer les portes, brisent les fenêtres, grimpent sur le toit dont ils arrachent les tuiles pour en bombarder les assiégés. Une nouvelle intervention du capitaine permet de rétablir un peu de calme. Il obtient que les Italiens puissent sortir de la ferme sous la protection des gendarmes et qu'ils soient ainsi conduits à la gare d'Aigues-Mortes pour être rapatriés. Cette évacuation, qui peut signifier symboliquement la fin de la concurrence sur le marché local du travail ou la punition des agressions de la veille par un licenciement de fait, semble sur le moment satisfaire la foule.

La colonne s'organise donc dans un calme relatif et se met en route, suivie par les manifestants. Elle atteint presque la ville, mais se trouve alors face à face avec un nouveau groupe d'hommes armés. Aucune négociation cette fois. L'attaque est subite et les gendarmes, pris des deux côtés, sont immédiatement débordés. Les Français, surexcités, très supérieurs en nombre, se jettent sur les Italiens, les frappent, leur tirent dessus, les achèvent, pourchassent les fuyards dans la campagne et jusqu'au pied des remparts. Plusieurs sont jetés dans le canal ou s'y jettent eux-mêmes pour se sauver. Comme un gendarme tente de retenir un homme qui lance des pierres, celui-ci lui montre son œil poché et lui dit : « C'est un Italien qui m'a frappé hier. Il faut que j'en tue un, vous ne m'en empêcherez pas » (déposition du gendarme au procès, 28 décembre). Pris dans la tourmente, le capitaine lui-même est légèrement blessé. Il fait tirer en l'air pour tenter de disperser les manifestants. Le propriétaire d'une maison placée sur le chemin et qui aurait pu servir de refuge aux Italiens refuse, malgré les sommations qui lui sont faites, d'en ouvrir les grilles. Il craignait, dira-t-il, pour son bien. Quelques manifestants passent entre les chevaux des gendarmes pour lapider les hommes acculés contre le portail. Près des remparts, un jeune homme achève deux blessés à coups de trique. Le curé d'Aigues-Mortes, ancien aumônier des bataillons d'Afrique, accourt pour assister les mourants, aide ensuite au transport des blessés.

Dépourvus de commandement et d'organisation, les groupes d'assaillants s'effilochent enfin. On a atteint la ville. Pour la plupart blessés à la tête sous l'effet des pierres et des gourdins, les rescapés de cette « collision », comme disent les journaux du temps, sont finalement conduits à la tour de Constance où on les met à l'abri. Les plus gravement touchés et les cadavres sont transportés à l'hôpital.

Comme toujours dans ce genre d'affaire, le bilan sera difficile à établir, du moins le consensus sur le bilan. On compte huit morts selon le rapport du procureur général et ce sera le chiffre officiel retenu aux assises, une quarantaine de blessés. Les autres sources donnent des estimations en hausse : cinquante-six victimes au total selon l'envoyé spécial du *Petit Méridional*[14] qui a suivi l'affaire de bout en bout ; beaucoup plus encore selon certains journaux (le *Petit Marseillais* parlera de vingt morts et de cinquante blessés, le *Times*, peut-être sous l'effet de la distance, exagèrera encore ce bilan) et aussi selon la tradition orale du pays sur laquelle on reviendra. En fait, sept personnes seront ensevelies dans la nuit du 18 au 19 août, une autre mourra quelques semaines plus tard des suites de ses blessures[15].

Dans l'après-midi, par souci d'apaisement et non sans un certain machiavélisme de circonstance, le maire fait placarder un avis qui lui sera ensuite grandement reproché, au point que le gouvernement (par un autre tour de machiavélisme, une fois le danger immédiat passé) le suspendra de ses fonctions :

> Le maire de la ville d'Aigues-Mortes a l'honneur de porter à la connaissance de ses administrés que tout travail est retiré par la Compagnie aux sujets de nationalité italienne et que, dès demain, les divers chantiers s'ouvriront pour les ouvriers qui se présenteront.
>
> Le maire invite la population au calme et au maintien de l'ordre, tout trouble devant cesser depuis la décision de la Compagnie.

Ce premier avis est accompagné d'un second, encore plus explicite dans l'engagement final qu'il exprime :

> Toute satisfaction a été donnée aux ouvriers français.
>
> Le maire de la ville d'Aiguesmortes invite la population tout entière à reprendre le calme et le travail un moment délaissés.
>
> Cessons toute manifestation dans la rue pour nous montrer dignes de notre patrie, et c'est par notre attitude calme que nous ferons voir combien nous regrettons les déplorables conséquences des accidents survenus.
>
> Recueillons-nous pour panser nos blessures et, en nous rendant paisiblement au travail, prouvons combien notre but a été atteint et nos revendications satisfaites.
>
> Vive la France ! Vive Aigues-Mortes !

Vers cinq heures, les soldats requis la veille arrivent enfin en ville où ils sont acclamés par une population qui se méprend peut-être d'abord sur leur rôle. Ils procèdent tout de suite à une démonstration de force en prenant position sur la place principale, en faisant refluer la foule et en occupant différents points sensibles, notamment l'hôpital où est installé un poste de garde. Ils dispersent aussi quelques attroupements résiduels, sans rencontrer de résistance. Les Italiens jusque là réfugiés dans la tour de Constance et dans la boulangerie assiégée sont finalement conduits sous haute protection à la gare pour être évacués sur Marseille.

La tension tombe peu à peu. Effectué le lendemain à minuit avec l'escorte d'un détachement d'infanterie, l'enterrement des victimes ne suscite aucun incident. Le 19 août encore, cependant, la rumeur circule selon laquelle trois cents Italiens marcheraient sur la ville pour se venger. On dit aussi qu'ils ont incendié les bâtiments des salins. Après vérification, il n'en est rien. Les ouvriers français craignent cependant de revenir sur les chantiers, car ils pensent que certains irréductibles ont pu se cacher dans les vignes avoisinantes pour leur faire un sort. Ils ne consentent à repartir au travail que sous la protection d'une brigade de gendarmes et d'un peloton d'artilleurs. Durant quelque temps, une partie des soldats restera affectée à la surveillance de la ville, tandis que l'autre montrera sa présence sur les salins de Peccais.

HARMONIQUES ET ÉCHOS

Sur place, le drame est clos. Mais ce qui vient de se refermer ouvre d'autres théâtres. Largement diffusés par les journaux, en effet, les événements d'Aigues-Mortes semblent entraîner immédiatement deux conséquences : le déclenchement de troubles apparentés en France, au Nord cette fois, et une très vive réaction en Italie.

A Paris, à la fin du mois d'août, des affiches artisanales réalisées au crayon sont placardées dans le quartier de la rue Pergolèse où l'on entreprend de démolir les arènes. Sous le titre « Avis aux ouvriers français », elles dénoncent la place accordée aux travailleurs étrangers et encadrent leur critique de références nationalistes explicites :

> « Citoyens, nous sommes envahis par l'étranger. Le peu de travail qu'il y a est fait par les étrangers allemands, italiens, belges, etc. Pendant que nous sommes astreints à toutes les charges des impôts du fisc et de l'impôt du sang, nous croupissons dans la misère, eux sont exempts de tout et ratissent notre argent pour aller enrichir leur patrie.
>
> Ici, à la plaza de toros qui est en démolition, ce ne sont que des Allemands qui travaillent et les Français restent à la porte. Nous voudrions bien savoir si M. Lapeyre fils, l'entrepreneur chargé des démolitions, mange le pain français ou le pain allemand.
>
> Allons, camarades, suivons l'exemple de nos frères d'Aiguesmortes et de Nancy et chassons l'étranger. Montrons que c'est du sang français qui coule dans nos veines. Vive la France ! A bas les étrangers ! »

Durant plusieurs jours, des affiches semblables sont apposées dans le quartier malgré la surveillance de la police. Elles aboutissent à la même menace :

« Les camarades sont prévenus que l'exemple des frères d'Aigues-Mortes et de Nancy sera suivi. »

On reparle en effet de Nancy, qui a déjà connu des troubles entre travailleurs français et italiens au mois d'avril précédent. La nouvelle de ceux d'Aigues-Mortes, beaucoup plus graves, ravive les tensions et les rancœurs. Sur un chantier de terrassement pour la construction d'une voie ferrée, près de Maron, les ouvriers français se mettent en grève afin d'obtenir le renvoi de leurs collègues italiens. Des mineurs de la région proche les rejoignent avec la même revendication. Les uns et les autres assiègent une cantine tenue par un Italien, tentent d'en enfoncer les portes et la bombardent de pierres. Les gendarmes ayant réussi à les faire dégager, ils se forment en cortège, drapeau rouge en tête et chantant la *Marseillaise*. Les autorités, cette fois, prennent leurs précautions : deux escadrons de dragons et deux compagnies d'infanterie arrivent dès le lendemain matin. Quatorze arrestations sont opérées pour tapage et bris de clôture.

Calmée ici, l'agitation reprend ailleurs. Le 28 août par exemple, dans les faubourgs de la ville, des ouvriers français attaquent cinq Italiens employés dans une carrière pour leur interdire le travail. La gendarmerie intervient et arrête trois des agresseurs.

Le 30 août, une délégation de maçons grévistes est reçue par l'adjoint au maire de Nancy. Elle demande que les entrepreneurs ne soient désormais autorisés à employer qu'un dixième d'ouvriers étrangers, afin de préserver le droit au travail des ouvriers français. Cette revendication ne peut évidemment pas être satisfaite et la municipalité le déclare aussitôt, mais la foule se disperse sans incident.

Les manifestations anti-françaises en Italie frappent par leur intensité et leur relative ténacité, puisqu'elles se prolongent bien au-delà de la réaction immédiate et durent près d'une semaine. Elles touchent pratiquement tous les centres urbains du pays, posant au gouvernement de Giolitti un grave problème de maintien de l'ordre.

A Rome, où les troubles sont les plus importants, des manifestants tentent plusieurs fois de saccager l'ambassade de France et même de l'incendier. L'armée intervient, des fonctionnaires sont sanctionnés pour leur mollesse ou leur incurie.

A Gênes, les manifestants brûlent plusieurs omnibus d'une compagnie française et brisent des vitrines. Comme l'agitation persiste le lendemain, la troupe est là aussi envoyée. Les mêmes scènes se reproduisent à Naples, à Livourne, à Messine, à Milan. Les consulats français sont particulièrement visés. Dans chaque cas, la police opère de nombreuses arrestations, qui visent surtout les milieux anarchistes, soupçonnés d'être particulièrement actifs dans la genèse des troubles. La volonté conjointe des deux gouvernements de mettre fin à des incidents qui risquent d'envenimer une situation extérieure délicate en aura malgré tout assez vite raison de part et d'autre de la frontière.

Si l'on y regarde de près, on s'aperçoit que ces deux conséquences apparentes (la survenue d'autres troubles en France et l'agitation quasi générale en Italie) ne sont pas déclenchées par les événements d'Aigues-Mortes comme le stimulus entraîne la réaction. On ne comprendrait pas alors d'où vient le stimulus, c'est-à-dire ce qui l'a, à son tour, déclenché, ni d'où il tire sa valeur pour déterminer prétendument ce qui le suit. On connaît bien la fonction de ce découpage en tranches événementielles dont le résultat le plus clair est de substituer l'individuel au collectif, l'accidentel au déterminé. Le petit grain de sable dans l'appareil urinaire de Cromwell[16] y devient une cause de l'arrêt des révolutions. Il y a ainsi une façon assez commune de feindre expliquer l'histoire, qui se borne à enregistrer des incidences (au sens où l'on parle de «coïncidences») sans se préoccuper de l'origine des choses et du socle sur lequel elles reposent pour entrer en continuité. Or, la prise en compte de ce socle est essentielle à toute visée anthropologique. D'un événement à l'autre, c'est une raison qui court, non un chaos qui se déverse. Ainsi, la consécution des faits qui nous occupent ne marque pas un rapport de causalité mécanique purement ponctuel, mais un enchaînement de symptômes dont les conditions d'émergence et de cohérence sont à rechercher plus loin. Plus précisément, il faut sans doute considérer que les trois séries d'événements qui se succèdent en moins de quinze jours (Aigues-Mortes, Nancy et Paris, l'Italie) relèvent d'une même configuration socio-cognitive, dont on voit d'emblée qu'elle ne se réduit pas au seul ensemble français ni a fortiori à une spécificité régionale.

En première analyse, cette configuration semble caractérisée par trois traits principaux :

– tout d'abord, des formes de protestation violente accompagnant une mobilisation plus ou moins spontanée d'une partie de la population y sont tout simplement possibles. En synchronie comme en diachronie, pareil trait est pertinent et il convient pour cette raison de ne pas le négliger. Il faut même y insister pour en déjouer l'apparente banalité : si la tension entre les groupes est la chose la plus courante du monde, la résolution de cette tension en émeute, éventuellement meurtrière, suppose des conditions particulières ;

− ensuite, cette configuration est telle que ces formes de protestation, que l'on peut dire radicales puisqu'elles incluent la contestation de l'ordre établi, y paraissent à certains égards (pour un temps et pour quelques personnes au moins) légitimes. On ne se croit pas dans l'excès de la colère, mais dans le rétablissement de la justice. On ne se passe pas un mouvement d'humeur, on fait avancer le bonheur. Les drapeaux brandis et les références à Ravachol, par exemple, sont au moins significatifs de cette caution révolutionnaire ;

− enfin, la revendication et, symétriquement, l'attribution de nationalité comme fondement de l'identité des groupes y jouent un rôle primordial. Etre Français ou Italien constitue un nœud central de cette configuration. Les autres différences et les autres similitudes entre les catégories sociales s'y trouvent momentanément effacées, à la manière dont la révélation de l'essentiel dissout l'accessoire.

Un document tout à fait typique, puisqu'on peut y reconnaître la présence fusionnée de ces trois traits, est constitué par une lettre anonyme conservée aux Archives départementales du Gard et mise à jour par un historien contemporain[17] :

> Monsieur le Maire d'Aigues-Mortes. Vous êtes averti que si vous faites la moindre faveur envers les cochons d'Italiens qui auront le toupet de revenir, ou si ont (*sic*) a le malheur d'en embaucher sans que vous y portiez empêchement, eh bien, nous braves compagnons nous saurons vous faire savoir les effets de la dynamite, et vous verrez de la façon dont nous n'aimons pas les cas de lèse patrie, bougre de cochon !

Il reste à se demander, sous réserve des enseignements apportés par une description plus fine, comment cette configuration socio-cognitive a pu se constituer et fonctionner jusqu'à accueillir ou engendrer les conduites que nous savons. On peut se demander aussi ce qu'il en reste aujourd'hui, tant dans la mémoire collective que dans certaines représentations vives des rapports sociaux. Les chapitres suivants sont consacrés à l'examen de ces questions.

NOTES

[1] Dumas, rééd. 1875, p. 11.
[2] *Ibid.*, p. 13.
[3] Nathan, 1971.
[4] *Cf.* Hocquet, 1985.
[5] La récolte du sel demeurera pénible jusqu'à ce que la mécanisation permette de réduire l'intervention directe de l'homme. Jusque là, c'est-à-dire après la Deuxième Guerre mon-

diale, «*un grain pouvait brûler le pied, l'infecter : Ces brûlures, qu'on appelait salinottes, pouvaient dégénérer en gangrène. On se protégeait en bourrant les chaussures de paille ou de chiffons. Chaque homme devait remplir à la pelle, en un quart-d'heure, un wagon de près d'une tonne de sel! Il en jetait forcément un peu sur les pieds du voisin*» (témoignage cité dans l'article «L'or blanc du vieux saunier», *Midi Libre*, 21 août 1995).

⁶ La tâche étant payée au forfait pour une période de temps limitée, le coût de la main-d'œuvre n'est pas évalué par le salaire, mais par la productivité. Il se peut (mais nous manquons là-dessus d'informations) que la productivité des ouvriers italiens ait été en moyenne plus grande, par suite d'un contrôle social plus fort lié à leur situation d'immigrés, que celle des travailleurs français. La caractérisation des Italiens comme «durs à la tâche», très courante à l'époque, serait alors un stéréotype idéologique dans son explication supposée (la «nature» de «l'Italien») plus que dans son contenu même, lequel pourrait correspondre à des données d'observation particulièrement valorisées. Résistance, sobriété et vaillance sont évidemment des effets de situation (la situation médiate de l'Italie du temps, la situation immédiate du travail d'immigré) que l'on interprète ensuite comme des effets de «race». *Cf.* chap. 2.

⁷ Procès d'Angoulême, 27 décembre 1893.

⁸ *Cf.* Temime, 1995.

⁹ *Giornale degli economisti*, 1ᵉʳ septembre 1893, cité par d'Angelo, 1976, p. 78.

¹⁰ Barnabà, 1990, p. 46-47

¹¹ Perrot, 1974.

¹² *Cf.* D'Angelo, art. cit.

¹³ A la suite des attentats anarchistes qu'il a commis en France, Ravachol a été condamné à mort et exécuté en juillet 1892, soit un an à peine avant les événements d'Aigues-Mortes. Le personnage est devenu tout de suite emblématique de la contestation radicale de l'ordre établi (sur Ravachol, son autobiographie et ses principes, voir Maitron, 1964).

¹⁴ Le décompte qu'il fait sur ses propres informations est d'ailleurs faux, puisqu'il devrait aboutir à soixante-deux morts ou blessés. Voici le passage en question, que je reproduis exactement : «A cinq heures du soir, il y a quarante Italiens que l'on a enfermés dans la tour Constance pour les soustraire à la populace en furie. Sur ce nombre, il y en a 33 blessés, sur lesquels au moins 6 ne survivront pas à leurs blessures. A l'hôpital, où nous allons, c'est un spectacle hideux. Six cadavres d'ouvriers, peut-être pères de famille, sont alignés dans une cour; sous un hangard, sur des paillasses, sont huit blessés qui râlent. Du reste, parmi les blessés dont nous parlons, une douzaine (*sic*) ne survivra pas aux blessures reçues. Dans une salle, cinq Italiens et un Français sont couchés; dans une seconde, un Italien et trois Français; dans une troisième, cinq Français dont un grièvement blessé; cela fait donc en tout cinquante-six victimes» (n° du 18 août).

¹⁵ Certains auteurs (notamment Barnabà, art. cit., D'Angelo, art. cit.) pensent pouvoir faire état de neuf morts, le neuvième corps n'ayant jamais été retrouvé.

¹⁶ Pascal, *Pensées* : «Cromwell allait ravager toute la chrétienté; la famille royale était perdue, et la sienne à jamais puissante, sans un petit grain de sable qui se mit dans son uretère. Rome même allait trembler sous lui; mais ce petit gravier s'étant mis là, il est mort, sa famille abaissée, tout en paix, et le roi rétabli.» (Edition de J. Chevalier, fragment 221, Paris : Gallimard, 1936)

¹⁷ Barnabà, art. cit., p. 82. La copie conforme, établie par la gendarmerie, de cette lettre et de deux autres figure dans Barnabà, 1993, p. 99-101.

Chapitre 2
De la foule

Les événements d'Aigues-Mortes se déroulent deux ans avant la publication de l'ouvrage classique de Gustave Le Bon sur *La psychologie des foules*, et un an à peine après la traduction française du livre de Sighele sur *Les foules criminelles*[1]. Pareil encadrement a valeur de symbole. L'époque n'a encore rien vu, ou si peu par rapport aux débordements que connaîtra le XXe siècle, mais elle est déjà obsédée par cette puissance imprévisible qui emporte périodiquement les garde-fous de la morale, de l'intérêt et de la raison. Comment se fait-il que l'ordre, évidemment identifié au bien et dont on suppose en conséquence qu'il profite à tous, se révèle si fragile lorsque les foules surgissent ?

D'une certaine manière, la réponse est contenue dans la question. Si les foules sont tellement difficiles à comprendre pour la pensée politique, c'est d'abord parce qu'elles échappent aux régulations de l'institution. On ne peut pas compter sur elles puisqu'elles-mêmes ne comptent pas sur les formes régulières d'expression et d'action prévues avec plus ou moins de détail pour les citoyens. Le totalitarisme à venir, et ce sera l'un des aspects de son noir génie, va précisément les encadrer, les organiser, en faire un outil de gouvernement, un spectacle prenant et une source de légitimité. Les rues, les places publiques et les stades seront les nouveaux temples de refondation de la communauté. D'accident ou d'incident de l'histoire, les foules en deviendront la ressource régulière. Mais pour l'heure, et pour qui les regarde depuis sa position de clerc fasciné par la pathologie et vaguement hanté par la morale, elles sont seulement porteuses d'orage et facteurs de scandale.

Cela suffit, bien sûr, à déclencher la spéculation. Ne croyons pas en être sortis et avoir aujourd'hui beaucoup plus de ressources pour expliquer les échappements brutaux, petits ou grands, dont nos sociétés font périodiquement l'expérience. Nous vivons habituellement dans le prévisible de la moyenne, l'oscillation serrée des processus quasi-stationnaires, le confort de la répétition et l'assurance du rite. Toutes les institutions, de la police aux appareils éducatifs, de l'armée aux dispositifs sanitaires, de l'administration aux communications, remplissent cette fonction de maintenance. Lorsqu'un écart important se produit, catastrophe ou émeute, par exemple, nous cherchons à toute force des explications, exactement comme si la normalité n'en avait pas besoin et comme si la rupture seule en exigeait. Ces explications sont ordinairement très révélatrices de notre «sens commun», puisque celui-ci est alors contraint de produire une intellection à sa mesure et qu'il ne peut le faire qu'en essayant de conforter, pour les reconduire, ses propres évidences (on le sait, le sens commun n'innove pas).

Il n'y a rien de plus attendu, au fond, et de plus convenu dans une époque donnée, que ces facteurs dégagés après coup pour rendre compte de l'exception. Ils forment en quelque sorte une liste préfixée dans laquelle il n'est pas possible de ne pas retrouver ce que l'on cherche. La confusion de cette liste avec la réalité du possible des choses contraint la pensée à son insu : elle ne cherchera pas au-delà, parce qu'au-delà, pour elle, il n'y a rien ; elle repérera d'une manière ou d'une autre ce qu'elle attend, puisque la liste qui la guide est close, au moins dans la stabilité provisoire d'une longue durée. Il ne s'agit pas de se demander si cela lui évite des erreurs ou au contraire l'y précipite, car il faudrait, pour trancher, disposer de la liste absolue et épouser en quelque sorte le «point de vue de Dieu». Mais le relativisme des listes opératoires est en lui-même déjà instructif quant à l'état de nos relations pratiques au monde. Pour déterminer aujourd'hui les causes humaines d'un accident routier, par exemple, on songera tout «naturellement» à l'alcoolisme et on n'enregistrera pas le signe astrologique des conducteurs, leurs préférences sexuelles ou la couleur de leurs yeux. Voilà qui est souhaitable, sans doute. Mais on n'enregistrera pas non plus comme facteur potentiel la position sociale des chauffeurs, avec les conditions de vie et de travail et le système de représentations qui lui sont afférents. Or, cela compte, peut-être. Les inventaires opératoires du possible résultent à l'évidence de parti-pris et de schèmes d'intervention qui ne dépendent pas seulement de l'état des connaissances et des techniques, mais aussi de la conception du monde qui organise la gestion d'une société. Prenons encore l'exemple de l'échec scolaire : on l'explique d'abord par l'inégalité des aptitudes, puis vient s'y ajouter (ou s'y substituer) la disparité des origines sociales et apparaît enfin la mise en cause du système éducatif lui-même, de ses finalités et de ses moyens. Les « sciences de l'éducation » suivent docilement pour boucler tour à tour l'un sur l'autre ces trois facteurs et proposer des formules pédagogiques supposées adaptées.

Le recul que donne l'histoire, à la fois comme discipline et comme simple passage du temps, est indispensable aux autres sciences sociales pour appréhender différentiellement, c'est-à-dire à partir de leurs évolutions ou de leurs mutations, ces cadres cognitifs de l'explication. Ce n'est pas en effet lorsqu'on les utilise qu'on prend le mieux conscience de leur relativité, mais lorsqu'on les perçoit sous l'angle d'un certain décalage. L'obsolescence, au moins partielle, d'une liste opératoire est son révélateur.

Dans le cas qui nous occupe, les principales causes invoquées par les analystes de l'époque pour expliquer les troubles d'Aigues-Mortes et leurs répercussions en Italie sont au nombre de quatre.

LE ROLE DU CIEL

Tout d'abord, et on ne s'y attendrait guère aujourd'hui, le soleil. C'est ainsi que le *Petit Méridional* du 23 août note à propos des ouvriers du sel, avec un effet final de style dont on ne peut savoir s'il était volontaire :

> Au milieu de cette population hétérogène, toujours énervée par le surmenage du travail et par les rayons brûlants du soleil, il n'y a pas ombre de police.

Le même journal signale d'ailleurs le 25 août, en rapport avec la précocité des vendanges

> la température sénégalienne (*sic*) que nous subissons depuis plusieurs mois.

Le Journal des Débats (30 décembre) apporte, une fois le procès pratiquement terminé, une conclusion péremptoire :

> Les faits sont déplorables. Ils montrent de quelles atrocités est capable une foule furieuse, surtout quand le soleil du Midi l'échauffe (...)

Plus nettement encore, un connaisseur reconnu de la géographie locale et des effets de mentalité qu'elle provoque, Alphonse Daudet, n'hésite pas à écrire dans un courrier au *Figaro* :

Il ne faut pas oublier que le drame d'Aigues-Mortes s'est passé en plein mois d'août et en plein midi. Juger cette affaire-là sans tenir compte du soleil, de la réverbération des salines sur les caboches provençales, serait un déni de justice. Les crimes du Midi ne sont pas les crimes du Nord.

Psychogéographie criminelle. Comment ne pas songer en passant, plus près de nous dans le temps, plus loin encore vers le sud, au héros de *L'étranger* qui impute lui aussi, en toute extériorité, son crime au soleil ? Camus lui fait dire :

> La brûlure du soleil gagnait mes joues et j'ai senti des gouttes de sueur s'amasser dans mes sourcils. C'était le même soleil que le jour où j'avais enterré maman et, comme alors, le front surtout me faisait mal et toutes ses veines battaient ensemble sous la peau. A cause de cette brûlure que je ne pouvais plus supporter, j'ai fait un mouvement en avant. Je savais que c'était stupide, que je ne me débarrasserais pas du soleil en me déplaçant d'un pas. Mais j'ai fait un pas, un seul pas en avant. Et cette fois, sans se soulever, l'Arabe a tiré son couteau qu'il m'a présenté dans le soleil.

Ne confondons pas pour autant la psychologie, surtout littéraire, avec l'analyse des situations collectives. Mais voici en tout cas une corrélation aisément transformée en causalité ou, si l'on préfère, une circonstance en condition : si tel élément, dont l'existence est comprise comme une intervention, n'avait pas été présent, la suite n'aurait pas eu lieu. Cela est évidemment impossible à prouver lorsqu'il s'agit d'un cas particulier, mais pareille impossibilité ne gêne pas la conviction. Cette « erreur » si fréquente dans les élaborations de la pensée sociale ne provient pas seulement de la légéreté, de la superstition ou de l'ignorance ; elle est presque toujours motivée, parfois d'ailleurs par une conscience manipulatrice comme on le voit lorsqu'il s'agit de propagande, et l'on doit en rechercher la fonction, la valeur, le sens, bref la place, dans un paysage cognitif plus large. Ici, une supposée causalité naturelle se trouve substituée à la causalité sociale, ce qui permet de détourner le regard de la logique des situations pour le fixer sur les circonstances aléatoires du destin. C'est, à la même époque, la même épistémologie que celle de Lombroso lorsqu'il développe sa théorie du criminel-né en remplaçant par la mécanique de la biologie les conditionnements de la sociologie.

Cette interprétation non sociale des formes aiguës de la sociabilité constitue une des racines les plus profondes de notre idéologie[2]. Marx à sa manière, moins simple et plus ambiguë qu'il n'en reste trace dans les manuels, et Durkheim surtout, ont tenté de l'extirper. En vain. Aujourd'hui encore, on préfère expliquer ce qui choque, ce qui gêne, ce qui flatte ou ce qui étonne dans la marche des sociétés par des causes non sociales : l'existence de gènes de la déviance, par exemple, ou le surpeuplement conçu comme une simple donnée écologique, l'organisation et la désorganisation sexuelles expliquées par les pulsions fondamentales ou l'effet des hormones, le traitement individuel de l'« information » dégagée de ses conditions de production, et ainsi de suite. On escamote de cette manière les rapports concrets entre les hommes, l'historicité qui les tient, l'héritage socialement déterminé d'attitudes, de représentations et de valeurs qui leur échoit. Tout devient alors affaire de décision personnelle, d'intervention thérapeutique ou de pédagogie bienveillante. Liée à un certain ordre, naguère théologique (et qui parlait alors de volonté, d'ascèse ou de grâce), aujourd'hui économique et technique, cette savante conception de l'évitement des réalités humaines ne permet pas seulement l'instauration de la « servitude libérale »[3] dans laquelle chacun finit par se complaire, elle assure aussi la régulation des projets, idéologiques en tous les sens, qui entendent modeler l'avenir. Il suffit de croire ou bien que la réalité des destins personnels dépend de la liberté ou bien que les raisons de sa dynamique échappent « par nature » à l'organisation sociale. Cela revient au même.

LE CARACTERE

Une autre explication, que la théorie naïve des climats associe étroitement à la précédente, invoque les habitudes culturelles de comportement, c'est-à-dire en fait, pour l'époque, la « nature » caractérielle et morale des populations concernées. S'agissant de ce qu'on appellera plus tard la « personnalité de base », on ne distingue même pas alors l'inné de l'acquis. Un homme est simplement ce qu'il est, c'est-à-dire ce qu'il montre, de la couleur des cheveux aux préférences alimentaires. Tout cela possède une sorte d'unité substantielle qui assure l'existence de catégories stables, prévisibles, immanquables. On reconnaît sans hésitation le type dans le spécimen, et celui-ci ne semble exister que pour confirmer le type. Ce thème, dont l'exploitation circonstancielle est facile tant il a été rendu familier par de nombreux récits de voyage ou de fiction, constitue un leit-motiv de la pensée sociale du temps. Il alimente même la réflexion des intellectuels, et un membre de l'Institut de France peut très sérieusement écrire :

> J'ai toujours beaucoup aimé ce qu'on pourrait appeler la psychologie nationale comparée ; c'est pour moi le grand attrait des études de politique étrangère, aussi bien que de l'histoire de l'art[4].

La Lanterne d'Henri Rochefort (19 août), habituellement virulente, incrimine ainsi le caractère national italien et en fait découler directement ce qui s'est passé à Aigues-Mortes :

> (...) dans tous les pays où ils vont chercher du travail, les Italiens apportent un esprit de provocation et des mœurs presque sauvages, qui amènent d'inévitables représailles.

Le Matin, conservateur, parle de

> ces ouvriers à prix réduits qui viennent sur nos chantiers disputer le pain français et qui, non contents d'honorer ainsi la liberté du travail, ont toujours le couteau près de leur pioche et le revolver dans la ceinture de leur culotte.

Un peu plus loin, l'auteur de l'article, Charles Laurent, propose

> qu'on mette un fort droit à l'entrée sur la marchandise nuisible et d'ailleurs frelatée qui s'appelle l'ouvrier italien[5].

L'Autorité du 29 décembre 1893 est au moins aussi péremptoire en rappelant à sa façon les premiers incidents :

> Les cent dix Italiens qui se sont « courageusement » jetés sur quarante Français endormis, ont été fidèles aux traditions de leur race (...) Le coup de couteau lâchement appliqué entre les deux épaules indique, dans tous les pays du monde, la nationalité de l'agresseur![6]

La Liberté, journal de gauche, innocente pour sa part les victimes, mais c'est en quelque sorte au titre de l'exception et après avoir rappelé la règle générale :

> Nous savons que sur les chantiers les Italiens sont souvent turbulents et enclins à jouer du stylet et du couteau, mais dans le terrible conflit qui vient d'éclater aux Salines Fangouse, ce sont les Français qui paraissent avoir été les provocateurs.

Le Jour du 19 août se prononce contre l'« invasion » de « nos chantiers privés ou publics » par les étrangers et conclut :

> Il faut que les scènes sanglantes d'Aiguesmortes dictent à qui de droit de sévères conditions, partout où il y aura du danger, dans les chantiers du Midi surtout, où l'on a la tête chaude et le coup de poing facile.

Vu du nord, *La Gazette* de Bruxelles parle de « l'effervescence méridionale » pour caractériser la vigueur et l'étendue des manifestations antifrançaises en Italie. La liste des citations pourrait encore être allongée. Dans tous les cas, et c'est frappant, ces ressources explicatives, immédiatement disponibles, n'ont pas besoin d'être étayées par l'argumentation. Elles font appel à ce que certains appelleraient aujourd'hui une « culture » commune, précisément sous l'aspect où elle catégorise une autre culture pour s'en distinguer et s'y opposer. Dans le partage, il n'est pas besoin d'en dire plus : ce qui va de soi ne requiert pas de preuve. Le tout est de savoir pourquoi cela va de soi, et d'abord pourquoi il y a quelque chose allant de soi lorsqu'il s'agit singulièrement des rapport entre les groupes.

Les stéréotypes ne sont pas les notes cursives d'un esprit fatigué. Au contraire, leur précision et leur rigueur d'emploi étonnent. Considérons par exemple, sans être exagérément fonctionnalistes, les conditions de leur mobilisation. C'est toujours la crise, petite ou grande, prolongée ou brève, publique ou privée, qui rend le stéréotype pertinent, l'arrache en quelque sorte à son sommeil. Elle ne le fabrique pas, elle le convoque, à la manière d'un outil dont on a tout à coup besoin pour faire face à un besoin imprévu. Et de même qu'il serait absurde d'imaginer que la situation de bricolage crée le tournevis ou le marteau, il n'y a guère de sens à dire que la crise donne naissance au stéréotype. Au mieux, elle en démontre l'utilité, en tout cas la convenance. S'il arrive qu'elle en illustre l'inadéquation, rien de grave encore ne s'est produit. Lorsqu'un outil ne convient pas, on en prend un autre, qui peut éventuellement différer du premier dans sa forme comme dans son principe. Et il ne viendrait certes à l'idée de personne de critiquer alors l'« incohérence » du bricoleur ; on s'en prendrait seulement à sa maladresse, mais on pourrait aussi louer son ingéniosité. De même, le glissement d'un stéréotype à un autre ne fait que montrer à la fois la nécessité de l'outillage et la pré-existence de celui-ci.

Face au monde social, il ne s'agit pas seulement de comprendre en toute neutralité ce qui se présente, de « traiter l'information » comme une monade spéculative dotée de capacités autonomes. Il faut agir, interagir, s'associer, combattre, s'engager. Le stéréotype a peut-être à voir avec l'économie banale de la cognition qui suit la pente du moindre effort et ne s'embarrasse pas de subtilités, préférant gommer les nuances, couper au plus court, bouter l'exception hors du raisonnement qui se veut effectif. Mais là n'est pas, sans doute, son aspect le plus remarquable, et peut-être même s'agit-il d'un stéréotype du stéréotype. Car ce dernier a aussi, et surtout, une fonction argumentative qui lui permet de guider les échanges en leur fournissant des références stables, d'ancrer les identités par la postulation d'un ordre sous-jacent à la diversité des apparences, et de conduire le raisonnement sur des classes au lieu de l'enliser dans un défilé d'anecdotes. Le recours à des catégories générales est aussi indispensable quand il s'agit des hommes que lorsqu'il est question d'animaux, de pierres ou de plantes. La construction de la nature, quels qu'en soient les critères et les objets, s'impose comme un pré-requis de l'action. Le stéréotype humain, à cet égard, n'est pas que fermeture, mais aussi ouverture, puisqu'il permet à la pensée de se déployer en intégrant les visages divers de l'expérience. On le développe et le confirme de cas en cas, on le nourrit d'exemples, on lui reconnaît s'il le faut des exceptions, on l'adapte selon les circonstances en jouant plus ou moins sur l'accentuation de ses traits, et il se pourrait même qu'on le perfectionne à force de s'en servir. En définitive, plutôt que d'évoquer la sécheresse, « les catégories sont des réservoirs de significations »[7].

Est-il plus facile de détruire un stéréotype ou de le construire ? Cela ne peut s'entendre, d'abord, que d'un stéréotype particulier dans une époque donnée. Autrement dit, cela ne peut s'entendre que dans une configuration de rapports entre les groupes et sur le fond d'un état de connaissance gouvernant l'exercice de la pensée sociale. La question devient alors de savoir quelle emprise est possible à court terme sur ces rapports et sur cet état. Aussi bien pour la construction que pour la destruction, on s'en doute, la réponse n'a que peu à voir avec les volontés individuelles et les politiques du moment. L'observation montre qu'il est relativement courant de renforcer un stéréotype déjà existant en lui donnant une approbation officielle et des bases pseudo-scientifiques qui semblent le justifier dans « la nature » (une théorie de l'inégalité des races, par exemple) ; elle montre aussi, asymétriquement, combien il est difficile d'éradiquer un stéréotype existant, même au prix de condamnations officielles et d'une vulgarisation scientifique de bon aloi (le même exemple pourrait encore servir). Cette asymétrie ne fait pas mystère, puisque dans le premier cas l'action s'inscrit complètement dans un état de connaissance existant qu'elle aboutit à conforter, alors que dans le deuxième elle s'y oppose.

LE DRAPEAU

La troisième explication avancée, typiquement datée, met en avant l'orgueil national ou, si l'on préfère, sa face noble et sentimentale que l'on appelle alors patriotisme. Il faut s'entendre sur le mot, dont l'histoire est si longue et parfois si confuse. Disons simplement qu'il s'agit ici de la réaction, présumée normale, à la mise en cause de la qualité de l'identité nationale, cette réaction et cette mise en cause s'accompagnant d'une accentuation simultanée de l'altérité. Mais précisons tout de suite que ce qui paraît daté à nos yeux, un siècle plus tard, c'est l'ancrage collectif de cette identité et les modalités qu'elle prend pour s'exprimer, non le processus identitaire lui-même. En effet, accrocher par excellence son identité à la nationalité, à l'idéologie, à la religion, au mode de vie, à la couleur de la peau ou au statut social ne doit rien changer dans le fond aux mécanismes cognitifs impliqués. Ces contenus circonstanciels peuvent servir de thèmes de propagande et, à l'occasion, de cautions morales, leur variation n'affecte pas la dynamique fondamentale de l'appartenance, polarisée sur le regroupement et la fusion, d'une part, sur le rejet sélectif, à tout le moins la distinction, d'autre part.

A la fin du XIXe siècle, dans la ligne qu'ont ouverte la Révolution et le Premier Empire, cette dynamique se concrétise (et, pourrait-on dire, se rhétorise de même) en termes de nations. Pour la plupart, celles-ci sont nées dans l'épreuve de la guerre ou s'y sont confirmées. Les champs de bataille du siècle les ont vues se rencontrer. On s'arme un peu partout en prévision d'autres combats[8] et la course aux colonies maintient une rivalité de féodaux dans la possession de la terre. Comme toujours alors, les emblèmes jouent un rôle essentiel puisque, rappelons-le, ils sont faits pour cela et pas seulement pour meubler un décor. Dans la défense comme dans l'agression, dans la simple subsistance même, on a ce culte ostentatoire du symbole, parce qu'il matérialise l'identité. Un détail tout à fait typique, et que pour cette raison plusieurs textes mentionnent, est celui du drapeau de la maison de Savoie prétendument planté par les Italiens sur un tas de sel au début des affrontements. Ou encore celui des Aigues-Mortais chantant la *Marseillaise* lorsqu'ils se rassemblent pour aller défendre leurs compatriotes qu'ils croient menacés sur les chantiers. Lors du procès (audience du 26 décembre), un accusé rapporte

> qu'un de ses camarades étant venu le réveiller lui dit : «Si tu es français, il faut te sauver, les Italiens tuent nos frères! Alors je lui répondis : Mais s'il en est ainsi, il ne faut pas se sauver, mais au contraire leur porter secours.»[9]

Le même jour, un autre accusé déclare que les Italiens criaient en menant leur attaque : «A bas la France! Vive l'Italie»! A Ajaccio, le 25 août, des manifestants ont tenté symétriquement d'arracher l'écusson qui ornait la façade du consulat italien.

On le voit, cette «bagarre» est de bout en bout un jeu de guerre, qui en reprend les emblèmes et les actions, tellement exaltés dans les discours, les chansons et la littérature populaire de l'époque. L'intensité des manifestations antifrançaises en Italie le montre encore, où, là aussi, hymne national, proclamations patriotiques et bannières déployées guident les foules.

Il y a bien, dans cette naïveté apparente du recours réflexe à des symboles nationaux, dans l'insistance qui se trouve mise à les arborer, un trait du temps. C'est ainsi que, lorsqu'en octobre 1890 des Italiens accusés d'avoir assassiné le surintendant de la police de La Nouvelle-Orléans se trouvent finalement acquittés, les pêcheurs d'origine sicilienne font flotter le drapeau sicilien sur leurs chalutiers en signe de triomphe[10]. Mais sommes-nous si éloignés des badges d'aujourd'hui, des pièces d'uniforme signalant le même militantisme, des bouts de ruban accrochés aux boutonnières ou des couleurs sportives brandies sur un calicot, voire tracées sur la peau? Et sommes-nous si loin de ces rites de guerre entre jeunes ou moins jeunes nations dont l'occurrence ne devrait pas surprendre puisque le chemin en est après tout familier? Une fois encore, la datation de ces conduites pourrait n'avoir qu'un effet de masque en les renvoyant à un passé que l'on suppose volontiers révolu ou qu'on souhaite tel. Il faut y regarder de plus près pour essayer de repérer la classe derrière le cas, la règle derrière les circonstances.

Cette exaltation ostentatoire de l'appartenance, on la retrouve sans cesse lorsque le groupe est au contact polémique d'un autre groupe et que, de ce fait, une mise en cause de l'identité ou, ce qui revient au même, des valeurs qui la fondent, se fait jour. Nous pouvons confortablement penser que nous sommes les meilleurs tant que nous n'avons pas à le prouver. Nous pouvons confondre le contenu de nos jugements avec l'essence du monde tant que nous n'avons pas l'expérience de l'emprise d'autres jugements sur ce monde même. La rencontre du défi et l'épreuve du doute sont toujours difficiles. Il ne reste guère, après cette rencontre, que les démarches de protection, de barrage, de conversion plus ou moins forcée ou, pire, d'extermination, dont la mise en œuvre suppose la célébration, la revendication et le renforcement de l'appartenance. De cette manière, l'orthodoxie renaît de l'hérésie, comme la frilosité s'exaspère au courant d'air. Qui se ressemble déjà, s'assemble alors pour mieux se ressembler. Les peuples colonisés, les cultures minoritaires, les groupes marginaux ont connu et connaissent ces rituels de la mimésis destinés à fonder ou refonder leur cohésion dans le réel et dans l'imaginaire face à la dépossession qu'ils ressentent. Mais les groupes majoritaires aussi lorsqu'ils s'affrontent à l'étrangeté et projettent dessus les traits d'une caricature différentielle qui leur permet de mieux se souder dans le rire ou le rejet. Ces travailleurs italiens venus sur nos terres pour faire une saison ont ceci de commode que nous pouvons parfaitement nous reconnaître entre nous en ce que nous ne nous reconnaissons pas en eux.

Il faut ajouter, comme on le suggérait déjà, que dans l'affaire d'Aigues-Mortes la situation internationale, largement commentée par les journaux, intervient aussi comme élément de contexte et même, en un sens, comme caution de ce contact polémique. Depuis une douzaine d'années, en effet, les relations entre les deux pays ont traversé plusieurs crises : le traité du Bardo instaurant le protectorat français en Tunisie (1881), puis la Triple entente (1882, 1887) conclue entre l'Italie, l'Allemagne et l'Autriche, rivales traditionnelles de la France, en ont été les points culminants. Politiquement, les Italiens sont ainsi devenus des adversaires potentiels, voire des agresseurs possibles qu'il convient de tenir en défiance. L'époque, une fois encore, est obsédée par la guerre. Dans cette ligne, *La Nation* du 20 août, par exemple, stigmatise le recrutement d'ouvriers transalpins

> travaillant à prix réduit et fournissant en outre à un important contingent d'espions l'occasion d'exercer presque librement leur vilain métier.

L'Italien se trouve donc construit sur le seul mode concevable dans les conflits un peu vifs, celui de la paire contrastée : à notre relatif confort s'oppose sa misère, à notre dignité sa rapacité, à notre intégrité sa duplicité. Les intérêts de son pays, en outre, contredisent ceux du nôtre. Passeront les temps, changeront les traits et les porteurs antagonistes de ces traits : ce mode de conception, qui est aussi un mode de perception, demeurera.

LES MENEURS ET CEUX QUI LES MENENT

Enfin, ressource explicative majeure, tellement récurrente et facile jusqu'à aujourd'hui qu'elle devrait nous irriter, à tout le moins nous mettre en éveil et suggérer le doute : l'action des meneurs, sur laquelle insistent les journaux parce que la compréhension de ce mécanisme supposé est facilement accessible à tous et qu'elle permet, en passant vite, de ne pas envisager autre chose.

Le meneur, par tacite définition, est un délinquant dans l'âme ou un révolutionnaire de profession. A événement anormal, cause anormale : ce schéma fonctionne très bien. A propos des troubles qui viennent de s'y produire contre les intérêts français, le correspondant du *Times* à Milan télégraphie le 23 août :

> Ces manifestations sont dirigées de sang-froid par les socialistes et anarchistes. Ce sont eux qui se mettent à la tête des manifestations, et celles-ci sont d'autant plus tumultueuses que l'ignorance de la population est grande.

Et *Le Temps*, au lendemain des événements d'Aigues-Mortes :

> Ceux qui doivent principalement porter le poids de ces cruels incidents parce qu'ils savent, eux, ce qu'ils font, parce que souvent il dépendrait d'eux d'arrêter par une parole de concorde et de pacification une rencontre imminente, qu'ils soufflent au contraire pour les enflammer sur les colères et les rancunes, ce sont les meneurs socialistes, les chefs révolutionnaires qui, théoriquement, prêchent la fraternité de tous les travailleurs du globe et pratiquement ameutent leurs compatriotes contre les travailleurs étrangers.

Le meneur est un calculateur mal intentionné qui exploite l'ignorance et la misère pour les faire jouer comme ressorts de la subversion. La vérité qu'il prétend annoncer est un mensonge, puisque d'autres mobiles que ceux qu'il affiche le poussent, et qu'à la manière du séducteur diabolique, il fait usage de masques. Il a donc la véritable responsabilité des événements déplorables et il permet de ce fait aux partisans de l'ordre de localiser le danger, de le circonscrire en une personne ou un type de personne, d'innocenter la masse. Il permet de rêver au complot, d'ailleurs toujours recommencé, en faisant l'économie du poids des situations. Il est un personnage dont le rôle s'impose, parce qu'il évite d'avoir à en convoquer d'autres. Il permet aussi de maintenir sans accroc la conviction selon laquelle les progrès de l'instruction publique garantiraient chez tous le libre exercice de la raison. A défaut, le « bon sens » que l'on suppose naturellement partagé (mais qu'il convient tout de même de rappeler à l'occasion) doit suffire à sa prophylaxie, et l'action du meneur ne peut rien contre ces remparts définitifs.

Appliquée à l'affaire d'Aigues-Mortes, cette explication par l'influence maligne de quelques uns, qui se heurte cependant en définitive au bon sens de la masse, n'a rien d'original. Le chroniqueur de la *Revue des deux mondes*, par exemple, utilise exactement la même lorsqu'il rend compte l'année précédente (1er septembre 1892) des grèves du bassin de Carmaux. Il évoque ainsi

> la tyrannie de quelques meneurs disposant de populations fanatisées ou abusées. C'est ce qui arrive tous les jours ; c'est ce qui explique aussi (...) que ces effervescences périodiques restent isolées et sans écho au milieu d'une masse nationale qui ne juge ces affaires du travail qu'avec son instinct pratique, avec son bon sens.

On dispose donc d'un mécanisme et le mystère de l'embrasement populaire est levé. Il reste cependant à trouver une explication de l'explication, c'est-à-dire à faire état de facteurs déclenchants qui permettent circonstanciellement à l'action des meneurs de se développer. D'où vient en effet que le « bon sens », tout à coup, s'affaiblisse ? que l'« instinct pratique » tourne à l'ivresse ? Ou, dans l'autre sens, pourquoi l'emprise des meneurs ne serait-elle pas permanente si leur malignité est si grande ? On n'a fait que décaler le mystère et on peut alors se demander, avec le même chroniqueur :

> Comment donc tout cela est-il devenu possible ? Comment peuvent se produire en pleine paix, en plein repos des vacances, des incidents qui ne sont que des incidents si l'on veut, mais qui n'ont pas moins leur signification et qui répondent si peu aux sentiments, aux vœux, à l'état général du pays ?

La réponse est simple pour la *Revue des deux mondes* :

> C'est évidemment la suite d'une série de faiblesses, de complicités du gouvernement, de tous les pouvoirs qui ont toujours peur de ce terrible mot de réaction, qui craignent d'avouer virilement une politique.

Quand l'autorité défaille, la résistance du bon sens s'affaiblit. De la même façon, l'explication de l'explication sera pour l'affaire d'Aigues-Mortes la politique négligente et à courte vue de la Compagnie des Salins dans son recrutement :

> On accuse d'abord la Compagnie des Salins de ne pas apporter assez de délicatesse dans le choix des travailleurs qu'elle occupe. L'année dernière, déjà, Français et Italiens

faillirent en venir aux coups. Elle aurait dû demander l'envoi à Aiguesmortes d'une brigade de gendarmerie ou d'un détachement de troupe pendant le travail du lavage du sel qui ne dure pas plus d'un mois. (*Le Petit Méridional*, 20 août)

Faute de l'avoir fait, les meneurs ont eu le champ libre pour exploiter la situation. Et celle-ci leur était favorable, toujours du fait de la Compagnie, comme le précise trois jours après le même journal sous le couvert prudent de rapporter des opinions entendues sur place :

> D'après ce que disent les ouvriers français, ce serait la Compagnie qui est moralement responsable de ce qui arrive. Par ses procédés d'embauchage, depuis plusieurs années, elle aurait nui aux intérêts des ouvriers français. Elle préférerait occuper des Italiens, surtout parce que ceux-là sont plus dociles. De là sont nées des animosités et des haines entre les ouvriers. Je vous répète là ce que j'ai entendu dire à Aigues-Mortes.
>
> Nos compatriotes qui se présentaient aux Salins pour s'embaucher et à qui on refusait de l'ouvrage parce que la place était prise par les étrangers, s'en retournaient le cœur aigri contre ceux-ci. Ceux de leurs camarades qui étaient plus heureux, c'est-à-dire qui parvenaient à s'embaucher aux Salins, partageaient leurs sentiments et, à l'occasion, les manifestaient aux Italiens.

La psychologie individuelle de la frustration, la contagion par solidarité et la canalisation vers ceux qui passent à portée, car ils sont repérables. Repérables et non coupables. *La Nation* du 20 août a déjà présenté la même explication, non sans faire sa part habituelle au caractère national :

> Seuls, sans famille, vivant d'un oignon, d'un piment, et ne réclamant qu'un salaire ridicule, il est certain que les Italiens font tout leur possible pour nuire à nos ouvriers, mais ce ne sont pas eux qui, à notre avis, sont les vrais coupables. Il faut rechercher plus haut les responsabilités. Pour nous, elles incombent à ces patrons, à ces grandes compagnies qui n'hésitent pas, de façon à se partager de gros dividendes, à faire appel à des étrangers travaillant à prix réduit (...)

Et *La Cocarde* du même jour :

> Les véritables auteurs de cette bagarre sauvage qui a ensanglanté le territoire d'Aigues-Mortes sont les directeurs de la Compagnie des Salins de Peccais, qui a mis aux prises les ouvriers français et les ouvriers italiens pour réaliser une mince économie de salaire (...)

Voici que les meneurs s'effacent et que leur rôle d'agents se réduit à l'effet indésirable d'erreurs ou de fautes commises par les dirigeants. On change apparemment de registre, mais à y regarder de près, des ambiguïtés persistent : la personnalisation des «coupables», d'abord, qui ne remet aucunement en cause l'organisation du travail et attribue leur conduite à une défaillance morale provoquée par l'appât du gain; la caractérisation des victimes, ensuite, qui y sont bien pour quelque chose à force de s'obstiner dans leur spécificité nationale; et l'ignorance, toujours, de ce qui établit concrètement les relations d'opposition entre les groupes à travers leur perception mutuelle et la construction propre de leur identité.

Cette abstraction sélective qui ne retient de la réalité que ce qu'elle peut en reconnaître n'est pas l'apanage des seuls journaux. Réunis en congrès à Imola à la fin du mois d'août, les Socialistes de Romagne, que gênent à la fois l'action gouvernementale italienne et les menées anarchistes, votent une motion de blâme contre ceux qui interprètent les événements dans un sens nationaliste, alors que la genèse de ces derniers, insistent-ils, est purement économique. Rencontre de deux listes opératoires qui ignorent l'une comme l'autre l'essentiel, à savoir que l'appartenance nationale aussi bien que la situation économique sont médiatisées par des processus socio-cognitifs qui s'adaptent aux circonstances tout en s'inscrivant dans la très longue durée. Entre une économie de salaire et une révolte, comme entre une nation et une haine, il existe un travail de construction sociale de la réalité[11] qui emprunte ses matériaux aux circonstances et ses règles à un très vieil héritage.

NOTES

[1] S. Sighele, *La foule criminelle. Essai de psychologie collective*, Paris, Alcan, 1892.
[2] *Cf.* Rouquette, 1996.
[3] Beauvois, 1994.
[4] A. Leroy Beaulieu, Les Juifs et l'antisémitisme. IV. - Le génie juif et l'esprit juif, *Revue des deux mondes*, 15 décembre 1892, 758-801. Gustave Le Bon creusera avec ardeur le même sillon.
[5] Cette idée d'une taxation du travail étranger a été plusieurs fois soutenue dans le dernier quart du siècle.
[6] Cité par Barnabà, *op. cit.*, p. 71.
[7] Leyens *et al.*, 1994, p. 205.
[8] Les progrès de l'armement léger et de l'armement lourd sont alors considérablement rapides. En France, il faut ainsi à peine vingt ans pour passer du fusil d'infanterie à un coup, poudre noire et cartouche de papier (1866), au fusil à répétition utilisant la poudre sans fumée (1886). L'Allemagne se dote d'une arme semblable en 1888, l'Italie en 1891.
[9] *Le Petit Méridional*, 28 décembre 1893.
[10] Cité par Romano, 1977, p. 96. A la suite de cet acquittement, en mars 1891, un lynchage en règle, dirigé par un avocat, fut promptement organisé et aboutit à l'assassinat de onze Italiens emprisonnés.
[11] L'expression est devenue courante, sans qu'on en tire toujours toutes les conséquences, depuis Berger et Luckmann (1966, trad. franç. 1986).

Chapitre 3
Ce qui se dit dans les cuisines

Le 27 août, le *Petit Méridional* publie une chronique dialoguée en occitan (comme on ne disait pas encore), intitulée «Les Italiens de Peccais». Il ne s'agit pas ainsi d'informer les lecteurs sur les événements, puisque les troubles d'Aigues-Mortes ont cessé depuis huit jours. Il ne s'agit pas non plus de fixer pour l'histoire, dans ce qui fut pendant des siècles la langue du pays, une sorte de synthèse raisonnée dont la mémoire et l'identité pourraient faire aliment. D'autres enjeux, d'autres fonctions se font jour, qui renvoient à de plus secrètes démarches, de plus intimes proximités. Au travers de ce petit texte, c'est toute une économie de la communication qu'on peut lire.

LA PLACE POUR LE DIRE

Il faut d'abord restituer la situation de cette chronique dans l'ensemble des articles publiés sur l'affaire. Elle ne saurait en effet jouer isolément, par sa vertu propre, et son plein sens lui vient comme toujours de sa position relative au sein d'un corpus. Or cette position, bien que marquée par la rareté, n'a rien d'un cas fortuit. On peut y reconnaître au contraire une sorte de nécessité que toute observation un peu distanciée des systèmes de communication révèle immanquablement. Chacun de ces systèmes, en effet, fût-il le plus normatif, ménage une place, certes mesurée, à l'expression de la contestation, de l'ironie, de la mauvaise humeur ou, plus simplement, de la dérision. Ce n'est pas générosité ou tolérance de la part des représentants du pouvoir qui contrôle ce système, mais dispositif de régulation des affects au sein d'une communauté exposée, dans tous les sens du terme, au jeu des interactions communicatives[1]. Pareil dispositif joue habituellement sans accroc son rôle, disons de dérivation ou de distraction puisqu'il n'engage pas l'essentiel, et le soulagement ainsi procuré n'embarrasse vraiment personne du côté de ceux qui tiennent les leviers de commande dès lors qu'ils ne confondent pas la machine avec son décor, le produit final avec le bruit de la production, la masse ouvrée avec les copeaux. Il existe ainsi, dans la gestion des affaires publiques, un partage du sérieux et du futile, du grave et de l'accessoire, qui peut laisser aux gouvernés l'illusion de la liberté et aux gouvernants le rôle de la magnanimité. Lorsque ces derniers ont un minimum d'expérience, la distinction raisonnée de ce qui les atteint réellement et de ce qui ne fait que les gratter au passage ne constitue pas un problème. Je me souviens d'un enseignant du secondaire, ex-officier de la Légion, qui nous avait dit, le jour de la rentrée : « Je m'appelle Untel et on me surnomme X. Ce n'est pas mon nom que vous allez utiliser, bien sûr, quand vous parlerez de moi, mais mon surnom. Seulement vous avez intérêt à ne pas le faire en ma présence. » Question de moment, question de place. Cela change tout. Le réalisme ne consiste pas à réprimer ce qui est finalement négligeable. Le réalisme consiste à lâcher sur ce qui est négligeable pour mieux tenir l'essentiel. Encore faut-il que cette place où peut éclore la dissonance des sentiments et l'irrespect relatif des normes soit convenablement signalée comme telle au regard de tous afin qu'elle n'outrepasse pas son privilège et ne se transforme pas en lieu de subversion véritable qui nourrirait, au moyen de ces affects et de ces transgressions, un projet d'action. Certaines marchandises, de même, ne peuvent voyager ou être négociées que sous l'étiquette d'usages réservés.

L'étendue de la liberté pratique n'est donc pas dans le fait de pouvoir dire la chose, mais dans les conditions forcément restrictives qui permettent de la dire et qui la marquent contextuellement. La « même » prise de position peut être selon les cas une façon de parler ou un crime, un affront pour la pensée ou un simple excès de langage. Bref, elle peut être significative ou non, « placée » ou « déplacée », bien venue ou mal venue, retenue ou bien nulle et non avenue, et c'est ce qui nous importe du point de vue de l'analyse du fonctionnement social. De la voix qui prend la foule à celle qui crie dans le désert, tous les rôles se déclinent sur une échelle d'emprise. La valeur de vérité intrinsèque portée par cette voix est finalement secondaire. Pareillement, le poids accordé à un même énoncé par une communauté particulière varie selon la signalisation attributive qui en est faite : ainsi les « mots d'un enfant », les « propos après boire », les « numéros satiriques » des cabarets, les histoires drôles, les caricatures ou les charges, ne tirent pas en général à conséquence dès lors qu'on règle son jugement sur des enjeux substantiels pour la sociabilité, c'est-à-dire typiquement des enjeux de pouvoir. En regard de ce poids, les exemples précédents ne pèsent presque rien et ne constituent qu'un simulacre de menace ou d'attaque. On laisse donc faire, on laisse dire, puisqu'en l'occurrence « faire » en disant, c'est à peu près ne rien faire, surtout si l'on doit prendre « faire » dans le sens de « défaire ».

La recevabilité d'un énoncé n'est donc pas une question logique ni strictement sémantique, mais fondamentalement pragmatique. La signalisation attributive ne se surajoute pas au propos, elle en détermine la valeur; il suffit qu'elle change pour que cette valeur change aussi. Ainsi, lorsqu'à la faveur des circonstances cette signalisation est détournée, substituée ou annulée, les « mêmes » contenus peuvent cesser d'être tenus pour négligeables et ils en viennent éventuellement à constituer des actes notables au regard du pouvoir. Ce qui est admis d'un humoriste, par exemple, n'est pas admis d'un ministre dans le cadre de ses fonctions. Ce qu'un dirigeant confie à des notes privées ne serait éventuellement pas recevable dans une réunion publique. Les slogans utilisés dans une manifestation ne seront pas repris comme arguments dans une négociation[2]. Une chanson n'est pas subversive tant qu'elle reste dans le circuit du spectacle commercial et de la diffusion habituelle des variétés (mais l'illusion qu'on laisse, ou qu'on crée, qu'elle le soit malgré tout fait partie du jeu); elle ne le devient réellement que si un groupe organisé et agressif la reprend sur le terrain de l'action politique pour en faire un moyen de reconnaissance et de mobilisation. Les mêmes remarques valent pour certains livres, pour les films apparemment les plus critiques et pour tout ce qui transite dans les systèmes de communication à signalisations multiples.

Le « patois » (comme on disait encore à la fin du siècle dernier[3]) constitue dans un système monolingue l'une de ces signalisations. Privé de toute valeur officielle puisqu'il n'apparaît alors ni dans la loi ni dans l'enseignement (et qu'en outre, d'ailleurs, l'enseignement public en réprime l'usage), il n'est pas donné pour sérieux et on ne saurait donc sérieusement le prendre au sérieux. On peut en conséquence l'utiliser pour plaisanter, pour se moquer, pour exagérer, pour donner corps à des opinions et des sentiments inavouables autrement, à tout le moins irrecevables dans le système formel des échanges considérés comme normaux. Cette signalisation de la langue même, qui prédétermine en quelque sorte le propos en le contraignant à un certain « genre », amorce ainsi la déviance en même temps qu'elle la désamorce, puisqu'elle lui ôte toute portée significative. A côté (physiquement parlant) des articles, des notices, des dépêches, des nouvelles, des commentaires, tous publiés en français, la dérision pratiquée en patois est dérisoire. La place, très petite, qui lui est faite pour s'exprimer, aussi, et elle peut donc l'occuper à plein.

Mais voici la traduction intégrale, ponctuation respectée, de la chronique du *Petit Méridional* :

> Un cuisinier, en parlant des affaires d'Aigues-Mortes, me disait hier :
> – Comment trouves-tu cette cuisine des Salins? Les Italiens et les Français avaient entre eux des relations douces comme du vinaigre; la moutarde a fini par leur monter à la tête; il y a eu du poivre; et en résumé ils ont été plus sots que des cornichons; heureusement que les Italiens ont fini par se rendre [littéralement : crier «Oignon»!].
> – Allons, lui dis-je, laisse-moi tranquille avec ton vinaigre, ta moutarde, ton poivre, tes cornichons et tes oignons. Il ne manque plus qu'un peu d'huile, tu pourrais faire la vinaigrette.
> – De la vinaigrette? Et tu crois qu'on ne devrait pas en faire de la vinaigrette, de tous ces Italiens?
> – Tu es un cuisinier, toi encore; tu ne penses qu'à faire des plats et des sauces. Tu veux que ces gens-là soient nos amis? Grosse bête, va! On leur donne du travail, n'est-ce-pas?
> – Oui.
> – Eh bien, tu as souvent vus d'accord le patron et l'ouvrier?
> – C'est vrai. Mais quand on est allés les tirer des griffes des Autrichiens, quand on leur a porté secours? Ça les a humiliés dans leur amour-propre; et ils se sont vite mis à faire de grands bâtiments cuirassés, pour pouvoir nous bombarder à l'occasion en guise de remerciement[4].
> – Peuh! Peuh! Dans ce cas, ça ferait des noyaux; tu verrais quelle marmelade!
> – Allons, bon! Tout-à-l'heure c'était une vinaigrette; maintenant c'est une marmelade; tu es toujours gâte-sauces.
> – Gâte-sauces si tu veux; mais on devrait les expédier tous dans le pays de la polenta et du macaroni, on aurait la paix comme ça.
> – Pauvre cuisinier, lui dis-je : et qui jouerait de l'orgue de Barbarie; qui ferait venir les macaronis; qui cirerait nos souliers, qui étamerait nos casseroles?
> – Des Français, pardi!
> – Des Français? Il fait bon dire : personne ne leur donnerait sa pratique; quand le Bon Dieu a fait le premier Français, il lui a donné un tel esprit de contradiction qu'il y a de quoi se demander si ce jour-là notre Seigneur ne s'était pas arrêté trop longtemps au débit [de boisson] et s'il n'était pas un peu soûl!

La métaphore culinaire est besogneuse, elle tire sans doute à la ligne et ressemble quelque peu à un mauvais exercice de style qui s'efforcerait d'aller jusqu'au bout de la contrainte qu'il s'est imposée, mais elle a sa vertu didactique : ramener le complexe au simple, l'étrange au familier et le tragique au comique. Elle prend à rebours les désignations officielles et simplement déictiques de ce qui s'est passé pour parler de «vinaigrette» ou de «marmelade» là où il devrait être tout bonnement question de massacre. La signalisation d'une «place», dans le sens que l'on esquissait plus haut, n'a pas besoin de plus pour gagner sa liberté.

En tant que jeu de mots (puisqu'elle ne consiste pas en autre chose, ici, que de passer avec application du sens figuré au sens propre, puis de revenir en boucle au figuré), cette métaphore ne permet certes pas d'analyser le réel, mais de *s'y reconnaître* avec les lecteurs dans le partage d'une complicité d'attitude et de langue. Le ton adopté n'est pas quelconque : mi-sentencieux mi-bougon, dérisoire de bout en bout, il est exactement celui que l'on attend pour pouvoir prendre en commun, du même côté de la barrière, la distance d'usage. Cette connivence recherchée est une célébration de l'identité. Quand nous rions de la même chose, nous comprenons notre rire et pas forcément la chose. Mais c'est notre rire qui importe. Les lecteurs savent bien que cette histoire de vinaigrette est au fond déplacée par rapport au discours officiel, mais ils savent aussi qu'elle contribue précisément à les (re)placer dans une position identitaire dégagée de la turbulence des événements et des implications trop lourdes que ces derniers pourraient avoir sur les pratiques ordinaires. Le patois y sert, comme ressource familière qu'on n'utilise justement pas pour décrire en première main cette turbulence ou pour examiner ces implications. Railleur ou bonhomme, canaille ou naïf, mais de toute manière «extra-officiel», le patois est aux yeux de tous innocent, dans le sens de «ce qui possède par nature l'innocuité». Il peut donc se déployer dans un registre, certes borné, minorisé et temporaire, mais qui échappe largement aux normes ailleurs courantes et lui fournit les conditions d'usage de sa liberté. Si le narrateur critique la métaphore du cuisinier, ou plutôt s'il la tourne en ridicule par une sorte de surenchère, c'est pour son caractère obsessionnel accordé à la profession de celui qui la développe le premier : propos de «gâte-sauces». Pour autant, il ne la conteste pas comme parole possible et légitime d'un citoyen parmi d'autres, il s'efforce seulement de la dépasser sur son propre terrain et demeure, ce faisant, dans le même espace linguistique et identitaire qui est aussi celui des lecteurs de la chronique. On remarquera d'ailleurs, si on lit attentivement le texte, qu'une alternance de réplique est manquée (entre la septième et la huitième), de telle sorte que la parole du cuisinier devient celle du narrateur, et que ces deux voix imaginaires, nées sous la même plume, finissent par se fondre.

Voici donc apprivoisée l'affaire d'Aigues-Mortes, dans le sens où apprivoiser un animal consiste à déjouer sa sauvagerie. Le passage au ton du dialogue familier dans une langue d'usage familier permet de s'approprier ce que personne autrement ne voudrait prendre à son compte : plaisanter sur la tragédie, relativiser les humeurs qu'elle suscite et philosopher au-delà. Se dégager, en somme. Ce n'est pas ce qui a eu lieu qui prête à sourire, mais ce qu'on peut dire de ce qui a eu lieu, à la façon dont l'humour noir transforme l'angoisse en jubilation. La situation est sérieuse, tandis qu'avec la signalisation du patois, le propos ne l'est pas. Entendons qu'il échappe à la normalisation du discours officiel et à ses règles de «convenance» qui excluent les formes de l'expression populaire. On peut ainsi approcher, comme en se jouant, de certaines réalités dérangeantes ou, si l'on préfère, de certaines convictions intimes que le ton argumenté de l'analyse laisserait indicibles et peut-être inavouables. Et on peut le faire d'autant mieux que ce petit article ne cherche à mobiliser personne ni à corriger l'opinion de qui que ce soit. Il n'invite pas à passer à l'action, sous une forme ou sous une autre, mais seulement à classer une affaire qu'on a su enfin situer dans une connivence d'attitude et de langue.

LA PERMANENCE DE NATURE

Concernant l'origine même des événements, c'est-à-dire la raison qu'ils manifestent en amont des seules transpositions culinaires déraisonnables ou plaisantes, l'auteur de la chronique a recours à deux registres explicatifs complémentaires : d'une part les rapports généraux entre employeurs et employés, qui ne peuvent être selon lui que conflictuels et qu'il généralise en l'occurrence aux rapports entre nationalités, les Français employant les Italiens; d'autre part, sous un angle que l'on pourrait dire prospectif, le caractère national (abordé *in fine*) qui fait que certains emplois peu qualifiés dans lesquels on trouve beaucoup d'Italiens sont désertés par les Français et même sont impraticables pour eux à cause de la mentalité de leurs compatriotes. Il esquisse donc une analyse économique, dans le sens le plus large du terme, qui se réfère à l'ordre des choses pour intégrer l'exception apparente et qui fait appel au principe de réalité pour justifier la permanence de cet ordre : il est normal que les Italiens n'aiment pas les Français comme il est normal que les ouvriers n'aiment pas les patrons; on ne peut pas se passer d'employer des Italiens parce que les Français sont ce qu'ils sont.

Ce fatalisme conservateur, en somme, exprime dans ce cas particulier l'une des catégories organisatrices profondes de la pensée sociale. Parmi les schèmes épistémiques fondamentaux qui commandent la forme même de la connaissance des masses[5], on doit en effet inclure celui que l'on pourrait caractériser comme étant le schème de la permanence. Abstraitement formulé, il consiste à présupposer toujours que les données sociales sont en fin de compte des données de nature. Encore faut-il s'entendre sur l'emploi de ces expressions pour qu'il n'y ait pas confusion avec d'autres niveaux d'élaboration de la pensée. Disons rapidement que la «nature» est ici opposée à l'histoire et que les données sociales dont il est question se réfèrent seulement aux contenus de l'expérience immédiate. Elles sont en quelque sorte opposées aux structures, non pas dans le cadre d'une réflexion interne, mais à la manière dont le concret peut submerger le concept jusqu'à lui dénier toute signification opératoire. Comme on impute à la nature une permanence qui transcende les volontés ou les rêves, une force obstinée qui s'impose toujours parce qu'elle n'est pas le fruit d'un calcul mais l'effet du réel, il serait non seulement illusoire de prétendre s'y opposer, mais encore trompeur de seulement la négliger. Il s'agit en fait de poser que ce que l'on constate aujourd'hui dans la société et qui pourrait nous étonner reproduit en fait, et même ne peut que reproduire, ce que l'on a constaté jadis ou du moins ce que l'on est persuadé que nos parents et leurs prédécesseurs ont constaté jadis[6]. L'avenir, par extrapolation obligée, ne saurait être différent. Le Français, par exemple, est selon l'auteur de l'article doté d'un fort esprit de contradiction ; ce n'est pas nouveau, puisque cela remonte à sa «création», et on ne devra pas non plus s'en étonner demain. La connaissance du passé, résultant d'une induction basée sur mille anecdotes que l'on se transmet et finalement érigée en principe (à moins que ce ne soit le principe qui permette de colliger les anecdotes), fournit donc la clé de l'interprétation du présent. Bien entendu, il s'agit encore une fois de ce que l'on prend ou de ce que l'on tient pour la connaissance, avec ses privilèges supposés de certitude éprouvée. L'expérience actuelle ne peut rien contre cela et la prise de conscience de l'existence de «connaissances» différentes conduit à l'élaboration d'une ethnologie ou d'une psychopathologie naïves : seuls les étrangers, les malades, les faibles d'esprit et tous ceux qui manquent de sagesse peuvent ne pas tenir compte de l'évidence commune ou même la nier.

C'est ce schème de la permanence qui fonde l'emploi de la plupart des stéréotypes, ainsi que des proverbes et sentences appliqués au domaine social. Il donne une version pragmatique de l'«Eternel Retour», limité il est vrai à l'horizon d'une culture. Il rend ainsi compréhensible, parce que reconnaissable, ce qui advient, en même temps qu'il permet de l'agréger au fonds collectif. Est-il besoin de dire que tout cela n'a rien à voir, malgré peut-être les apparences, avec la personnalité ou la morale, comme si les uns étaient d'une mentalité plus compulsive que les autres et comme s'il était mal de s'attendre toujours à déceler le même ? La forme même de la connaissance n'est pas un trait individuel qui serait plus ou moins marqué ni la caractéristique de la sous-culture obsessionnelle d'un groupe. Penser que les données sociales sont des données de nature, par exemple, est un principe qu'aucun individu n'a besoin d'inventer et qu'aucune infirmation ne peut controuver. D'abord parce que ce principe n'est pas réfléchi et qu'il ne se discute en tant que tel qu'entre philosophes ou spécialistes. Ensuite parce qu'il semble tellement adhérer à la vérité sensible des choses que toute démonstration menée contre lui paraît spécieuse ou casuistique. Et s'il adhère tellement à la nature des choses, cela ne vient pas, comme d'ailleurs pour tous les schèmes épistémiques, de ce qu'il les reflète fidèlement, mais bien de ce qu'il les construit. C'est pourquoi la lutte circonstancielle menée dans une société donnée contre un stéréotype particulier, si elle est destinée à en montrer l'inanité, n'a pas grande chance d'aboutir. La tentative de déconstruction de la forme qui est donnée à la réalité passe pour une dénégation vaine ou intéressée de la réalité. Disons-le clairement en serrant de plus près l'un des thèmes majeurs de cette histoire : le discours antiraciste ne porte pas parce que la plupart des individus supposés racistes qu'il vise ne s'appréhendent pas comme tels, mais seulement comme des citoyens qui constatent (ils ne le déchiffrent même pas, l'état de connaissance qui est le leur l'impose en évidence) le visage concret de leur environnement quotidien. Nier les différences de droit est une abstraction considérable au regard des différences de fait. Minimiser les différences de fait suppose une position décentrée par rapport aux appartenances. Et lorsque le discours antiraciste se veut promoteur de la rationalité, il se trompe pareillement de cible, comme l'a montré Windisch[7], parce que la pensée sociale n'éprouve aucunement le besoin de se conformer à une rationalité qui lui paraît sans référent et à laquelle elle refuse tout privilège d'extra-territorialité sociale.

N'oublions pas enfin, car cela apparaît aussi dans le texte de l'article du *Petit Méridional*, que l'histoire remémorée est constitutive de l'image de l'autre et qu'elle permet, indistinctement, de justifier ou de ressasser (cela ne se distingue guère) le bien-fondé de cette image. Ainsi, dans le cas de cette chronique, l'ingratitude et la duplicité des Italiens, gens que l'on a aidés naguère pour qu'ils ne s'en souviennent plus aujourd'hui et qui seraient même disposés, peut-être, à mordre la main qui les aida. Ici comme ailleurs, ces rappels éclairent autant l'actualité qu'ils sont éclairés par elle : ils la servent, elle les sert. On n'est pas dans un processus de construction progressive de l'intellection, avançant d'argument en exemple et d'intuition en preuve, mais dans la circularité d'une évidence établie qui se reconnaît toujours dans ce qu'elle invoque. Elle revient à dire que cet aspect du monde est bien tel que nous le pensons, puisque nous confondons notre manière de le penser avec la manière dont il se donne.

NOTES

[1] Les systèmes de communication autoritaires sont beaucoup moins enclins, par contre, à admettre l'expression et la diffusion de l'*argumentation* proprement dite. Philosophes, essayistes ou théologiens sont alors éventuellement contraints au camouflage de leur pensée, dont ils réservent la face véritable au petit nombre, réel ou supposé, capable de décrypter leurs écrits. Voir à ce sujet les études classiques de Leo Strauss (1989, trad. franc.).

[2] Voir le chapitre 6 sur la «rhétorique de la violence».

[3] Au hasard de ma bibliothèque, mais aussi parce que l'exemple est beau, voici ce que l'auteur d'une monographie sur le département du Tarn écrit en 1879 : «Les habitants des campagnes parlent un patois qui a certains rapports avec l'espagnol et l'italien.» (A. Joanne, *Géographie du département du Tarn*, Paris, Hachette, p. 34, rééd. 1994).

[4] Ce thème semble récurrent à l'époque. La *Libre parole* de Drumont, fondée l'année précédente, écrit ainsi, à la fin du mois de décembre : «En attendant qu'ils nous mitraillent avec les canons que nous avons payés, les Italiens commencent déjà à égorger les travailleurs français qui ont serré les rangs pour faire place à des étrangers qui avaient faim.»

[5] *Cf.* Rouquette, 1994b.

[6] On est ici très près de cette conception «cyclique-mythique» du temps dont Windisch (1983) a décrit l'activation dans certains discours xénophobes. Il s'agit encore de la récurrence du «réel social» conçu comme «réel naturel».

[7] Windisch, 1982.

Chapitre 4
Des rumeurs

Pour ceux qui le vivent et s'apprêtent à en subir les conséquences, pour tous les autres aussi lorsqu'ils pensent pouvoir y déchiffrer une part de la vérité de leur condition, un événement social se construit par sa mise en mots. Mais là encore, la cognition est indissociable de la communication : cette mise en mots existe parce qu'un collectif la fabrique et en assure le partage au fil de ses réseaux. L'individu isolé n'y compte pas pour beaucoup; l'«objectivité» des événements non plus. Le «fait divers» est tellement peu un «fait» indépendant dont seule compterait la matérialité, et il est si peu «divers» au point qu'on ne pourrait lui assigner de place définie, qu'il faut bien regarder de plus près ce qui l'institue à l'origine des conduites et dans les mémoires.

Aigues-Mortes ne fait pas exception. Les rumeurs courent tout au long de cette histoire, et longtemps après encore, puisqu'on en retrouve la trace vivante dans certains discours d'aujourd'hui. Cette rémanence, alors même que les enjeux les plus visibles et les effets de contexte les plus prégnants ont changé, signale bien quelques permanences socio-cognitives qu'il peut être intéressant de circonscrire.

LE BILAN

Revenons d'abord sur la question du bilan. Comme dans beaucoup de cas de ce genre, lorsque le pouvoir paraît, au moins un instant, désorganisé et fautif, le décompte officiel des victimes ne convainc pas les témoins ou leurs proches. C'est ainsi qu'à Nîmes, après les inondations catastrophiques de l'automne 1988, une rumeur persistante affirma que les victimes étaient beaucoup plus nombreuses que les autorités ne le disaient et qu'on les retirait du canal de la Fontaine pendant la nuit pour ne pas inquiéter ou affliger davantage la population. Quelques jours après les événements, plus de trois élèves sur quatre d'un lycée local estimaient que le nombre de morts dépassait la vingtaine, alors que le chiffre officiel était de huit; cette opinion persistait encore largement un an après[1]. Le bilan d'Aigues-Mortes a été identiquement grossi selon la mécanique classique de la «négativité» des rumeurs. On sait que pour cette forme de communication, si on veut le dire brièvement, «le pire est toujours sûr». C'est pourquoi la plupart des histoires que l'on transmet se déforment dans le sens de l'extrémisation, et singulièrement de l'accentuation[2], de leurs éléments aversifs. Tout se passe comme s'il s'agissait d'arracher le récit à une banalité décourageante en le tirant vers l'excès. La catastrophe doit toujours être à la hauteur de l'émotion, comme la taille de la prise doit s'accorder à la réputation du pêcheur ou l'intensité du combat à la stature du héros. Plus fréquemment encore, peut-être, la bassesse de l'adversaire est à proportion de la haine qu'on lui voue (ou, pour la propagande, qu'on *doit* lui vouer), comme le montrent bien les communiqués des temps de guerre. Ce travail d'ajustage ou, si l'on préfère, d'aiguisage des thèmes est assez constant. La pensée sociale corrige, jusqu'à un certain point, ce qui ne lui convient pas exactement et les faits sont pour elle moins têtus qu'on ne le dit, moins têtus en tout cas que l'obstination qu'elle met à se les adapter.

Comment pouvons-nous être amenés à penser, dans la vie quotidienne, qu'un énoncé factuel est faux? Il y a trois réponses possibles : parce qu'il ne correspond pas à ce que nous constatons; parce qu'il ne correspond pas à ce que nous attendons; parce que nous tenons celui qui le propose pour un menteur. Lorsque nous sommes persuadés, au contraire, que d'autres, si possible nos semblables, nos proches à défaut de nous-mêmes, ont constaté ce que nous attendions, et lorsque le contradicteur qui nous est opposé occupe manifestement une position dans laquelle nous ne pouvons pas nous reconnaître, ces trois raisons se cumulent pour forger une conviction inébranlable.

Les questions de chiffres sont particulièrement typiques à cet égard. Ici comme ailleurs, à l'époque aussi bien qu'aujourd'hui, le bilan supposé «vrai» se situe très au-delà du bilan donné pour «réel» (ces deux adjectifs étant évidemment permutables dans la parole concurrencée et dans la parole concurrente). Ce décalage brouille les cartes, télescope les rôles, déplace l'instance de vérité. Qui donc alors raconte une histoire ? Et à qui, d'autre part, veut-il la faire entendre ?

De l'insinuation au procès-verbal, de l'allusion à la preuve, du discours supposé savant à la rusticité du bon sens, les moyens d'influence sont multiples. Un historien de l'affaire glisse ainsi au passage :

> On ne retrouvera jamais le cadavre d'un neuvième Italien (...) qui fut certainement victime — *sans doute pas la seule...* — aussi bien de la violence que de la complicité tacite dont profitèrent les assassins[3].

Dans un entretien recueilli en décembre 1992[4] et portant sur les événements qui s'étaient produits un siècle auparavant, un retraité d'Aigues-Mortes évoque la découverte plus ou moins récente d'ossements qu'il attribue à des victimes italiennes, certainement non dénombrées, parce que, précise-t-il, « beaucoup se sont noyés dans les étangs en fuyant ». Ainsi cette « preuve » matérielle conforte-t-elle ce qui se disait déjà, et qui de toute façon n'en avait pas besoin, puisqu'on tenait l'information pour acquise.

En janvier de l'année suivante, nous avons pu obtenir du propriétaire d'un café la copie d'un document manuscrit de six pages composé pour l'essentiel d'extraits des compte-rendus du procès tels qu'ils parurent dans la presse locale[5]. A la suite, le même copiste a ajouté sans transition des informations complémentaires se rapportant à des faits ultérieurs. La dernière de ces informations, la plus récente donc, illustre exactement le processus de rumeur dont nous parlions et que reflète l'entretien cité.

> Lors des terrassements pour agrandir le salin du Roy, M. Biron, géomètre, et ses aides, Jean Vidal et Auguste Guibert mirent à jour des crânes vraisemblablement d'Italiens enlisés. De même Joseph Tournaire et Raymond Lasserre, en cherchant le souterrain du Fort de Peccais, mirent à jour un squelette qui pourrait être une victime de cette lamentable affaire qu'une direction intelligente aurait pu éviter.

Deux pages plus haut, le manuscrit établit à sa façon le bilan des troubles, en grossissant d'emblée le bilan officiel :

> Deux Italiens furent tués dans la boulangerie Fontaine, un contre les remparts côté nord-est. Huit furent massacrés à la Fangouze. Mais des dizaines s'enlisèrent dans les étangs en essayant de s'enfuir, et comme le mutisme le plus complet succéda à la furia des premiers jours, nul ne put dénombrer le nombre exact des victimes, tant du côté des Italiens, des Ardéchois descendus comme chaque année de leurs Cévennes natales, comme du côté des nombreux « trimards » et repris de justice camouflés pour un temps en cette période de promiscuité saisonnière du levage du sel.

Dans un document de synthèse non daté, mais postérieur à 1978 puisqu'il déclare s'appuyer sur un ouvrage italien publié cette année-là[6], le Comitato Italiani all'Estero (COMITES), basé à Marseille, emboîte le même pas et conclut :

Les chiffres officiels relevaient 8 morts et 50 blessés; la presse locale parlait de 20 morts et 50 blessés tandis que le *Times* mentionnait 50 morts et 150 blessés. Le chiffre réel fut certainement supérieur car la soif de sang qui animait la foule ne diminua pas le soir du 17 août 1893, mais se prolongea encore.

Il n'est pas sans intérêt de noter que la première page de ce document qui en compte cinq annonce, pour

> le plus grand massacre de l'émigration italienne : 50 morts et 200 blessés selon l'article du très sérieux journal *Times*.

Avec à chaque fois la référence prestigieuse du *Times*, cent cinquante ou deux cents blessés reviennent au même pour l'effet qu'on veut produire : une émotion, et pour l'idée qu'on veut suggérer : celle d'un travestissement officiel de la vérité dans le sens de son édulcoration. La preuve en est que le rédacteur de ce document, destiné pourtant en principe à informer les personnes intéressées, n'a pas été attentif en l'espace de quelques pages aux variations de sa plume. Mais peu de lecteurs sans doute les auront remarquées. Dans ce champ de communication, et cela le distingue d'autres, les quantités fonctionnent comme figures de rhétorique; elles signifient «beaucoup» ou bien «trop», elles n'ont pas de valeur arithmétique. Il restera simplement, et c'est ce qui importe, l'idée du «plus grand massacre de l'émigration italienne».

Après tout, dira-t-on, le bilan exact n'intéresse que les historiens ou les comptables et tous ceux qui veulent, par profession ou par éthique, dégager leur propos de l'emprise immédiate des situations, fussent-elles centenaires. C'est dire : il ne s'agit pas d'hommes d'action, militants d'une cause, ni d'apprentis gestionnaires des masses. Pour ces derniers, l'idée compte plus que le chiffre lorsque le chiffre ne parvient pas à exprimer la vérité pratique de l'idée.

LA «THESE DU COMPLOT»

Il faut insister par ailleurs sur l'importance de ce qu'on pourrait appeler la «thèse du complot», si fréquente dans le développement des rumeurs et qui fait tenir celles-ci pour plus fiables que les dispositifs de communication formels, notamment de source étatique. A une époque de rationnement, par exemple, censé affecter également tous les citoyens, les rumeurs de gaspillage et de passe-droits sont particulièrement répandues et on y ajoute d'autant plus foi qu'on souffre davantage soi-même des privations; en outre, on les tient pour plus véridiques lorsqu'on les a déjà entendues rapportées[7]. Les démentis qui suivent la publication d'une information scandaleuse ne sont généralement pas crus, du moins par ceux que cette information conforte dans leurs attitudes. Les affaires criminelles que l'on tarde à résoudre donnent lieu à des versions parallèles[8] qui retentissent parfois sur le cours même de la justice. Les responsabilités officiellement dénoncées (ou désavouées) après une catastrophe n'entraînent pas toujours la conviction de la population, notamment des victimes ou de leurs proches. Pareille liste serait sans fin. D'une manière générale, cette «thèse du complot» peut être formulée ainsi : ceux qui détiennent le pouvoir cachent ou amenuisent la vérité qui les dessert; et, bien entendu, plus grand le pouvoir, plus élevé le risque et donc plus outré le maquillage.

L'acceptation, la plupart du temps non réfléchie, c'est-à-dire non argumentée, de cette thèse peut provenir de trois origines, l'une psychologique, l'autre psychosociale et la troisième politique.

Il se peut en effet, tout d'abord, que cette induction résulte d'un apprentissage passif, d'une sorte d'expérience de la déception. Celui qui a été trompé plusieurs fois, et toujours dans le même sens, nourrit ensuite une défiance systématique envers ceux qui sont en position de le tromper. On s'attend alors, par exemple, à ce que les personnes âgées soient moins crédules que les jeunes et se montrent plus critiques à l'égard des versions officielles, des points de vue gouvernementaux, des injonctions à la participation, etc. Tout se passe comme si leur passé les avait entraînées à la suspicion. Il existerait ainsi une sorte d'usure de la bonne volonté, d'autant plus accentuée que celle-ci a été davantage sollicitée. Réfléchissant aux réactions de ses compatriotes états-uniens pendant la guerre, un sociologue[9] disait déjà que pour enrayer les rumeurs, il fallait faire en sorte que les citoyens conservent ou retrouvent leur confiance dans les moyens d'information formels comme la presse ou la radio, que tout le monde savait alors contrôlées par les intérêts gouvernementaux. Lorsque cette confiance n'existe plus, parce qu'elle s'est usée, la rumeur passe pour le mécanisme homéostasique de la vérité. Encore faut-il cependant, pour qu'elle se développe à propos d'un thème particulier, que les individus se sentent impliqués par ce dernier[10], et l'on peut même supposer que la suspicion à l'égard des informations officielles est une fonction directe de cette implication[11].

Mais cette thèse de la tromperie concertée peut exprimer aussi une théorie naïve de l'essence du pouvoir, élaborée à partir de la connaissance concrète du pouvoir, notamment domestique, que chacun exerce plus ou moins dans la position qui est la sienne, et dont il généralise interprétativement les moyens. En effet, si le père trompe ses enfants et le mari sa femme, si le fournisseur trompe à l'occasion ses clients, le monarque, pareillement, peut tromper ses sujets, l'employeur ses employés, l'élu ses électeurs, le journaliste ses lecteurs, etc. Nulle perversité à cela, mais seulement le désir de persister, en s'affranchissant, au moins pour un temps, d'une transparence immédiate dont l'ingénuité pourrait compromettre la continuité de l'action. Le mensonge a toujours ses bonnes raisons. Cette règle du jeu apparaît en somme comme normale, et on sait bien que la déplorer n'y change rien, puisque, pour la Sagesse des Nations, nécessité fait loi. Le pouvoir est calculateur, pense-t-on, il doit l'être même pour coïncider avec sa nature ; le choix des moyens n'est alors qu'une question de morale dont le recours à la notion d'«intérêt supérieur» s'accommode facilement. On cédera sur un détail ou sur dix pour préserver l'essentiel ; on ne dira pas tout, car tout n'est pas bon à dire ; on prendra garde à ce que l'obscène ne paraisse point. Face à l'incertain, en somme, l'honnêteté se confond avec la naïveté et celle-ci se résout en faiblesse. Cette théorie, qui trouve à s'appuyer sur de nombreux exemples validants, publics ou privés, oscille d'ordinaire entre le mépris et l'admiration pour ceux qui l'appliquent. De là vient qu'elle puisse nourrir aussi bien la soumission désabusée et la résignation fataliste que l'indignation révoltée.

Enfin, au-delà des mécanismes singuliers qui l'établissent et des corrélats psychologiques qui sont les siens, la thèse du complot peut constituer le signe même de la dépendance et pour ainsi dire le gage d'une dépossession imposée par l'organisation politique : le citoyen est toujours à tromper car sa citoyenneté réelle, prise dans les contingences d'une action dont l'initiative et le contrôle lui échappent, ne peut pas se confondre avec la citoyenneté idéale dont il se croit par principe investi. Bien entendu, le fait que le discours du pouvoir dans tous les régimes de masse, démocratiques ou non, affirme répétitivement la coïncidence des deux fournit la démonstration même de ce qu'il essaie de masquer. Nul n'ignore en fait, de part et d'autre, ce qu'il en est : le citoyen réel ne partage pas la rationalité imperturbable du citoyen idéal ; l'existence de politiciens professionnels montre que ce métier s'apprend et qu'il a généré ses propres traditions ; du point de vue des gouvernants, l'information du public paraît toujours nécessaire, ce qui implique bien que le partage de cette information est inégal et que l'initiative revient toujours au même bord. Des conventions et même des rituels s'établissent pour contenir, dans tous les sens du terme, les cadres de ce jeu. Les «promesses électorales», par exemple, sont devenues proverbiales pour désigner des propos séducteurs qui n'engagent à rien. La prolifération des sondages d'opinion, à la fois exhibés pour ce qu'ils peuvent indiquer d'utile et reniés comme sources d'influence légitimes, fournit d'autres symptômes de l'inadéquation entre ce que ressentent les uns et ce que préméditent les autres. Le vécu de l'instant, disent les tenants du pouvoir, ne peut engager le long terme. Soit. Mais qui décide, dans l'instant, du long terme ?

La temporalité est précisément intéressante à considérer pour illustrer cette non-synchronicité de la citoyenneté réelle et de la citoyenneté idéale. On le sait, l'impatience des gouvernés s'accommode mal de la lenteur des machines à gérer, l'absence de consultation permanente fait tenir pour négligeable l'avis que chacun s'empresse (et est théoriquement en droit) de donner sur la question du jour, de sorte que le temps de la décision est incommensurable avec le temps de l'opinion. Ce sont les manifestations de rue, par exemple, qui fondent soudain les deux échelles en présentant des exigences dont la satisfaction ne peut attendre. Il s'agit donc d'éviter les manifestations ou d'en minimiser la portée. La « thèse du complot », comme imputation d'un calcul dont la plupart des données échappent, mais qui reconnaît par là-même la nécessité pratique de ce calcul, n'est que l'expression circonstancielle de ce décalage permanent. Son origine n'est pas à cet égard dans l'apprentissage des cerveaux ni dans les inférences naïves de l'amateur qui fait ce qu'il peut pour comprendre ce qu'il voit, elle tient à des contraintes, à tout le moins des pratiques, d'organisation politique, et singulièrement d'organisation de la représentation populaire.

Ces trois explications, on le voit, ne sont pas mutuellement exclusives et dépendent en fait du niveau d'analyse retenu. Gardons-nous cependant sur ce point d'une sorte d'œcuménisme indécis qui pourrait conduire à son tour à une nouvelle incompréhension fondée sur l'arbitraire des points de vue. La reconnaissance de la légitimité de différents niveaux d'analyse n'implique pas en effet qu'ils soient tous d'égale pertinence pour la saisie significative d'un phénomène. Lorsqu'on admet que tout dépend du regard et que tous les regards se valent, la nature même de l'objet regardé risque de se dissoudre. Il n'en reste au mieux que des lambeaux que l'on ne sait plus ensuite replacer, puisque cette opération supposerait un point de vue englobant. C'est ici en particulier que se rencontrent les limites de la psychologie individuelle comme projet explicatif appliqué à la sociabilité. Les conditions dans lesquelles l'individu apprend et infère, et qui déterminent le sens même de ses apprentissages et de ses inférences pour lui comme pour les autres, ne peuvent être tenues que par artifice pour des données primaires (des « stimuli ») sur l'historicité desquelles il n'y aurait pas lieu de s'interroger. L'« origine des temps », lorsqu'il s'agit de contenus sociaux, est une fiction. La succession sans raison des événements aussi. La chronologie marque bien au contraire, dans ce cas, une «logie» dont il convient d'interroger les processus et la nécessité. Que ces derniers ne se fondent pas dans le biologique, mais dans l'interaction sociale, est une évidence que l'histoire des mentalités et l'accumulation des connaissances ethnographiques ont rendu patente. Rien n'interdit, certes, d'étudier les mécanismes d'une cognition «libre», supposée universelle et fondamentale. Mais tout s'oppose à une interprétation des conduites sociales qui s'appuierait seulement sur de tels résultats.

Nous avons affaire avec la thèse du complot à un effet de structure qu'aucune exhortation morale ni aucune déclaration de transparence ne sauraient dissiper. La vérité vécue, ou alors imaginée pour qu'elle coïncide avec le vécu, l'emporte sur la vérité argumentée dès lors que celle-ci est perçue à travers le décalage d'un calcul supposé qu'on ne contrôle pas.

LE TRAMAGE

Ce que l'on appelle «crise» n'est le plus souvent que l'accentuation d'une chronicité inaperçue. La folie d'un moment a toujours ses antécédents, et le conflit, même résolu, laisse courir ses conséquences. C'est dans l'instant, dans le vertige qu'il suppose, que l'impression de rupture ou de désordre est la plus forte. Mais le recul permet en général de discerner des prodromes et d'assigner des effets dont la racine est profonde.

Avec la crise, l'histoire ne sombre pas dans une faille ou ne se fracasse pas contre un mur; à l'issue de la crise, la rémission n'est pas sans mémoire. Nous sommes loin de ces moments de pur dérèglement qu'un prompt réglage effacerait pour n'en laisser subsister aucune trace dans la normalité retrouvée. Bref, le rideau ne tombe pas d'un coup, et lorsqu'il est tombé, certains viennent l'écarter pour regarder encore ce qu'ils espèrent ou ce qu'ils craignent. Ainsi les rumeurs qui traversent toute l'affaire d'Aigues-Mortes et paraissent même, à l'origine, la précipiter, ne s'arrêtent pas brusquement avec l'arrivée de la troupe et la fin des affrontements. Elles se déplacent. On peut lire par exemple dans le *Petit Méridional* du 25 août :

> Marseille, 24 août. - Contrairement à certaines informations, la situation de Marseille, au point de vue des rapports entre ouvriers français et italiens, est absolument calme. Pas plus dans la ville que dans les quartiers où habitent les ouvriers italiens, on ne signale la moindre agitation.

Quelques jours auparavant, des bruits avaient circulé sur le retour offensif et vengeur des Italiens à Aigues-Mortes. Jeu de guerre, on l'a dit, dont toutes les figures s'offrent pour alimenter les prévisions dans le sens attendu :

> Nîmes, 18 août, 7 h. soir.
> Une dépêche annonce que trois cents ouvriers italiens sont campés à Sylvéréal. On suppose qu'ils ont des intentions hostiles envers les ouvriers français de Peccais.
> Le consul général d'Italie à Marseille, informé, s'est rendu immédiatement auprès d'eux.
> L'émotion est considérable à Aiguesmortes[12].

Le lendemain, l'envoyé spécial du *Petit Méridional* mêle propagation et prudence pour écrire à son journal :

> Le bruit s'étant répandu que les Italiens sont revenus sur les Salins de Fangouse, de Gaujouse et de Peccais, et qu'ils les ont incendiés, je me suis rendu sur les lieux pour vérifier le fait. Rien n'est plus faux. Je n'ai pas rencontré un Italien. (...) Des artilleurs sont allés en reconnaissance à plusieurs kilomètres, au lieu dit La Pinède, où on prétend que trois cents Italiens sont cachés. A sept heures, les artilleurs n'étaient pas revenus.
>
> Vous devez vous tenir en garde contre les nouvelles les plus excentriques qui sont répandues de toute part.
>
> A huit heures, j'apprends qu'il est probable que des troupes arriveront de Nîmes cette nuit. On craint un retour des Italiens des Salins renforcés par leurs compatriotes qui travaillent dans la Camargue.

Ce que cette effervescence montre, c'est l'ouverture d'un champ des possibles dont la communication s'empare pour le cultiver. Les craintes exprimées, les scénarios esquissés sont concevables par tous et peuvent se transformer ou se préciser de moment en moment selon la connivence commune. Ces transformations ou ces précisions ne seront ainsi jamais quelconques : on ne dira pas, par exemple, que les Italiens viennent en procession faire amende honorable ou qu'une immense et chaleureuse fraternisation a eu lieu quelques kilomètres plus loin ; les démentis même ne calmeront pas la pensée, du moins immédiatement, puisque le démenti porte sur une version ou un point de détail et qu'il ne saurait comme tel atteindre les conditions configurantes dans lesquelles ces versions se forment.

Remontons encore dans la chronologie de l'affaire, et c'est la même chose. Les rumeurs s'y trament déjà, elles coulent selon les lignes d'un paysage attendu dont elles accentuent le dessin. Rien ne s'invente à ces moments-là que du plausible et, si l'on peut dire, du congruent. Il n'y a pas de rumeur viable autrement : tout récit qui ne présenterait pas ces deux qualités tomberait à plat, tournerait court. A l'issue des premières rixes, le 16 août, les ouvriers français rentrés en ville parlent à qui veut les entendre de trois compatriotes morts et d'un grand nombre de blessés.

S'étant rendu sur place, le juge de paix constate seulement l'existence de sept blessés qu'il ramène d'ailleurs avec lui. Mais c'est la première «vérité» qui compte et mobilise la foule, la conduisant bientôt à entreprendre en représailles une chasse aux Italiens. La presse locale reprend à son tour cette vérité et la diffuse dans toute la région, contribuant sans doute grandement à donner une courbure partisane à la perception générale des événements. Le correspondant-rédacteur du *Petit Méridional* à Nîmes (il n'est donc pas sur place et ne peut que relayer ce qui lui parvient par dépêche ou par ouï-dire) écrit ainsi le 17 août à son journal :

> Deux ouvriers français sont morts de leurs blessures, l'un hier soir, l'autre ce matin. Il y en a quatre autres blessés grièvement, en ce moment à l'hôpital[13].

Le bref compte-rendu qu'il donne ensuite de la «collision» qui s'est produite sur la route des salins et jusque sous les remparts de la ville n'est pas moins orienté. Comme dans les chaînes de transmission d'Allport et Postman, le texte amalgame plusieurs épisodes, confond les lieux, les circonstances, les hommes et les moments :

> 200 Italiens ont attaqué 300 Français. Il y a eu 7 morts et 31 blessés.
> Les Italiens se sont enfermés dans une maison où ils ont arboré le drapeau rouge et ils refusent d'en sortir[14].

Bien entendu, pareille confusion possède ses motifs et ne livre rien que du préconçu. Elle impute exactement aux Italiens ce qu'on attend d'eux dans leur rôle, c'est-à-dire la déviance, la violence, l'excès. Elle n'informe pas, au sens de la réduction d'une incertitude, elle confirme une certitude de principe déjà acquise en lui donnant la force de conviction de détails concrets. L'origine de sa crédibilité, en somme, ne lui est pas intrinsèque et on aurait tort aussi de l'attribuer seulement à son vecteur, comme si l'habitude de lire un journal suffisait pour accepter immédiatement, et d'abord pour relever, tout ce qu'il rapporte. Les choses ne se jouent pas à ce niveau-là, elles s'y trouvent plutôt déjà jouées et ne font que s'y retrouver. La crédibilité de cette information lui vient d'une adéquation avec un système de représentation pré-existant qui rend les nouvelles transmises, sinon prévisibles exactement, du moins congruentes : «ça ne m'étonne pas», «je vous l'avais bien dit», «on pouvait s'y attendre», sont à cet égard des réactions coutumières qui témoignent bien d'une prescience finalement assez aiguë des possibles. N'importe quoi ne peut advenir dans un monde réglé. C'est pourquoi, d'ailleurs, la presse que l'on dit «d'opinion» ne forme pas l'opinion *ex nihilo* : elle l'alimente, la renforce, la consacre ou, plus simplement, l'exprime. Elle la suit donc, dans l'ordre de la génération. Toute l'influence qu'on impute ordinairement aux médias, du moins à court terme, tient au fond du retour de boomerang, parce que cette influence n'est possible que selon des conditions d'acceptabilité qui la prédéterminent. Voilà bien l'essentiel, qu'une analyse hâtive et qui n'est peut-être pas toujours désintéressée, masque trop souvent : la pensée sociale n'est pas cette empreinte dans une cire molle que la moindre pression réussirait à marquer ou ce tissu d'Arlequin d'improvisations rapiécées ; elle est plutôt impositive, si l'on regarde au-delà de la fugacité des contenus et si l'on ne veut pas confondre la permanence au moins relative des structures avec les fluctuations de l'instant.

D'autres remarques encore peuvent contribuer à le rendre sensible si l'on considère la cohérence globale des récits rapportés. Les rumeurs d'Aigues-Mortes n'alternent pas dans le temps bref de l'affaire selon la fantaisie d'une inspiration irrationnelle ou le simple hasard des contacts pris au coin de la rue. Bien au contraire, elles procèdent toutes des mêmes plans de construction sociale de la réalité, de telle sorte qu'elles forment un ensemble dont les divers éléments se répondent, dessinant un paysage mental unitaire. Cette construction est très simple, on peut la ramener à quelques principes : les étrangers sont forcément coupables, d'abord, et leur malignité attendue se traduira de mille façons, par l'agression et le mépris, la traîtrise et le goût de la revanche (ou ailleurs par la délinquance, le trafic et la saleté, la bêtise, le fanatisme); les autorités mentent nécessairement, ensuite, et le pire est toujours sûr, enfin. Il ne reste plus qu'à concrétiser d'une manière ou d'une autre, le moment venu, ces formes a priori de la connaissance sociale. On peut craindre (c'est un euphémisme) que pareille configuration n'ait pas disparu et que notre regard d'aujourd'hui sur les événements des salins doive tenir plus de l'introspection soucieuse que de l'entomologie satisfaite.

MAIS LE PIRE EST-IL VRAIMENT TOUJOURS SUR?

On l'a rappelé plusieurs fois, les rumeurs exagèrent ce qu'elles rapportent dans le sens de la négativité. Elles présentent des contenus aversifs que la transmission a généralement pour effet d'accentuer, grossissant les catastrophes, aiguisant les horreurs, alourdissant les menaces. On se démontre les craintes, on craint de plus en plus ou alors on se met à craindre autre chose, on cultive l'angoisse. Toutefois cette inclination, même si elle est très massive dans un échantillon de « bruits de couloir », de « commérages de marché », d'« histoires véridiques » et de « légendes urbaines », connaît des exceptions. Il existe parfois des rumeurs d'espoir, des annonces de bonnes nouvelles, des promesses de rémission ou d'embellie, etc. La propagande aussi, lorsqu'elle a suffisamment durci le trait qui rend l'ennemi haïssable et la conjoncture insupportable, proclame l'assurance de lendemains qui chantent.

Le mécanisme de cette commutation paraît finalement assez simple : plus la situation objective elle-même est aversive, plus les rumeurs roses ont tendance à remplacer les rumeurs noires habituelles. Diverses observations faites à plusieurs époques vont nettement dans ce sens.

Le prodigieux roman de Vassili Grossman, *Vie et Destin*[15], fondé sur l'expérience personnelle et sur des témoignages directs, nous livre par exemple des informations intéressantes sur le type de rumeurs qui pouvaient circuler parmi les déportés. En voici des exemples :

> Il s'était habitué aux dizaines, aux centaines de bruits qui couraient dans le camp : sur l'invention d'une nouvelle arme, sur les dissensions entre les leaders nationaux-socialistes. Tous les bruits étaient toujours aussi beaux que mensongers. Les bruits, opium du peuple des camps. (p. 30)

> «Et voilà comment cela se passe, les hommes continuent à vivre. (...) Les bruits naissent par centaines. Tantôt mon voisin m'annonce, en s'étranglant de joie, que nos troupes sont passées à l'offensive et que les Allemands sont en fuite. Tantôt le bruit se répand comme quoi le gouvernement soviétique et Churchill ont lancé un ultimatum aux Allemands et que Hitler a ordonné de ne plus tuer les Juifs. Tantôt on annonce que les Juifs seront échangés contre les prisonniers de guerre allemands.
> Ainsi le ghetto est l'endroit au monde où il y a le plus d'espérance. (p. 88)

> On interrogea Sofia Ossipovna sur la situation au front et, comme ses informations n'avaient rien de réjouissant, on lui expliqua qu'elles étaient fausses, et elle comprit que le wagon à bestiaux avait sa propre stratégie, basée sur le désir passionné de vivre.
> – Vous ne savez donc pas qu'on a envoyé à Hitler un ultimatum pour qu'il relâche immédiatement tous les juifs? (p. 183).

Dans un contexte différent, mais qui porte aussi sa charge émotive, nous disposons d'observations sur le terrain faites par deux chercheurs indiens, Prasad et Sinha, à l'occasion d'un tremblement de terre. Le premier a constaté que dans un village proche de l'épicentre, mais finalement épargné par la catastrophe, les rumeurs courantes étaient fortement anxiogènes, alors que le second a surtout relevé, dans une commune gravement sinistrée, des annonces de bonnes nouvelles concernant l'arrivée imminente des secours, le rétablissement du ravitaillement, etc.[16] De même, durant la Première Guerre Mondiale, les récits de pratiques barbares imputées aux combattants semblent avoir été beaucoup plus répandus à l'arrière qu'au front.

Nous ne connaissons pas les rumeurs qui circulaient dans la communauté italienne d'Aigues-Mortes et de ses environs proches au lendemain du massacre. Sans doute avaient-elles un caractère positif, évoquant la mise en place d'une protection renforcée, l'octroi d'indemnisations substantielles, l'action vengeresse du gouvernement de Giolitti contre la France, etc. Il est peu probable qu'on agitait la crainte d'une tuerie générale imminente et la participation de l'armée aux côtés des émeutiers. Pendant qu'on vit encore le maléfice, on rêve au bénéfice.

Le pire est toujours sûr, en somme, lorsqu'il n'est pas encore arrivé. Mais il suffit, si l'on ose dire, qu'il se soit indéniablement produit pour que la pensée du groupe en démente la perpétuation. L'insupportable contient la négation de sa continuité. C'est quand on n'a plus à craindre parce que l'horreur même est advenue, qu'on croit enfin au retour du bonheur. Plutôt que d'y voir une sorte de compensation affective (car alors, que s'agit-il de compenser lorsqu'on annonce le pire?), on peut y lire le perpétuel décalage de la pensée sociale par rapport aux situations qui la contiennent et éventuellement la font naître. Cette pensée contourne toujours ce qui lui est apparence afin de mieux retrouver ce qui la fonde : l'affirmation dans une communauté partagée de son pouvoir d'emprise, dont la connaissance de l'avenir et la révélation du caché sont des formes essentielles.

NOTES

[1] *Cf.* Domergue, 1990.
[2] L'extrémisation est une polarisation sur une échelle : on va vers le plus noir, le plus aversif, le plus horrible, etc. L'accentuation, au sens d'Allport et Postman, consiste à retenir seulement certains traits d'un récit initial en omettant les autres; ici sont bien entendu mis en exergue les traits négatifs. On remarquera au passage que ces deux procédés sont familiers à toutes les propagandes, qui visent précisément à contrôler la pensée sociale dont les rumeurs ne sont qu'une forme d'expression.
[3] Barnabà, 1993, p. 81. C'est moi qui souligne.
[4] *Cf.* le chapitre sur «Les tours de mémoire».
[5] Ce document est reproduit intégralement en annexe.
[6] T. Vertone, *L'emigrazione italiana in Francia*, Milan, Franco Angeli.
[7] Allport et Lepkin, 1945.
[8] Voir, pour deux exemples circonstanciés, Peterson et Gist, 1951 (Etats-Unis, XXe siècle); Rouquette, 1992 (France, XIXe siècle).
[9] Knapp, 1944.
[10] Rouquette, 1990. L'implication est définie ci-après dans le chapitre sur «La construction des mondes politiques».
[11] Mais d'autres facteurs interviennent, comme la position sociale des sujets par rapport aux médias institutionnels (en particulier, aujourd'hui, la télévision), qui démarque leur distance aux échelons formels de décision caractéristiques de toutes les institutions. Celui pour qui tout est toujours déjà décidé, au bulletin de vote près, n'a pas la même appré-

hension de l'«information» que celui qui pense contribuer, si peu que ce soit, à des décisions affectant les autres.

[12] *Petit Méridional*, 19 août.
[13] N° du 18 août.
[14] *Ibid.*
[15] Julliard/L'Age d'Homme, 1983.
[16] Prasad, 1950; Sinha, 1952.

Chapitre 5
Le procès

Pour les sciences sociales lorsqu'elles ne rejettent pas, à tort ou à raison, le projet de la psychologie, comme pour la psychologie lorsqu'elle n'ignore pas totalement les résultats des sciences sociales, le double portrait de la foule et de l'individu constitue un paradoxe sans équivalent. A vouloir caractériser l'un de ces deux termes, il semble qu'on dépossède inévitablement l'autre de toute spécificité. Le sujet paraît se perdre dans l'action collective, mais la description de celle-ci emprunte ses termes aux prérogatives du sujet. On est donc tenté de renvoyer l'un et l'autre à des jours conceptuels meilleurs pour s'attaquer à des questions moins irritantes. Pourtant, l'individu et la foule correspondent chacun à un aspect de notre expérience commune et nous ne pouvons pratiquement nous passer d'aucun des deux. L'observation même nous renvoie sans arrêt d'un pôle de fusion, incontestable dans les rassemblements actifs et dans les statistiques de tous ordres, à un pôle d'individuation, tellement plus précieux pour nos mentalités. L'existence de masse comme condition de la citoyenneté moderne accentue encore ce trouble et, pourrait-on dire, le *cultive*. Car c'est bien d'une culture qu'il s'agit lorsque la vie politique, la mode, l'organisation des loisirs, la consommation battent sans trêve de la reproduction à l'individuation, d'un conformisme global que l'organisation sociale impose à la revendication d'autonomie sur laquelle cette organisation entend se fonder.

Pareil balancier a bien entendu son répondant cognitif. Les photographes, souvent avec talent, savent jouer de cette incertitude qui nous fait passer de l'intérêt du réel au réel de l'intérêt, du document à l'émotion. Alors, ce qui, par leur truchement, se donne du monde et force d'une certaine manière l'esprit, devient ce que l'esprit s'offre pour célébrer sa propre unicité. La scène vue nous intéresse, et plus encore notre intérêt pour cette scène. Il n'y a pas d'expérience plus commune. Ce que nous comprenons s'appuie sur ce que nous sentons, et parfois nous sentons sans comprendre ou nous croyons avoir compris à force de sentir. Le concept se profile derrière, pas assez clairement pour oblitérer la scène, mais suffisamment présent pour que la scène se prolonge au-delà de son détail.

Il reste cependant que le cas et la classe, la goutte singulière et le flux qui la porte, sont irréductibles l'un à l'autre. Tel est le paradoxe du contenu, toujours identifiable à un type et toujours distinct d'un autre spécimen de ce type. En somme, nous voyons tout de ce que nous pouvons voir, en y mettant même ce que nous croyons voir, mais nous ne pouvons jamais tout voir, puisque la contingence du sens est nécessaire à notre vision. Les exemples sont multiples, bien sûr, et plus ou moins célèbres, mais je pense plus particulièrement à ces images de la mobilisation prises dans les tout premiers jours d'août 1914, vingt-et-un ans après les troubles d'Aigues-Mortes. Voici des hommes que l'uniforme égalise et qui participeront aux combats que nous savons comme éléments d'unités (cette expression seule résume le paradoxe qu'on évoquait). Un grand nombre mourront dans les premières batailles et, avant la fin du mois, sur la Marne. Tels traits, pour le moment souriants ou graves, narquois peut-être, seront alors devenus indéchiffrable bouillie, tels autres rictus ou chair de cire semée de caillots. Ce que chacun de ces hommes pouvait penser, ressentir, craindre, imaginer, projeter aura disparu. Disparu aussi ou à jamais défait le tissage de relations dont il formait le nœud. Mais cela, qui de toute façon ne se voit pas, a déjà disparu en fait sur la photo que nous regardons dès l'instant où elle a été prise, puisqu'elle saisit seulement un ensemble *de circonstance*, c'est-à-dire un rassemblement complètement déterminé par cette circonstance tout à fait objective de la mobilisation générale, qui n'a rien à voir avec la contingence psychologique de chacun et la singularité de son trajet. La réunion de ces soldats, à un moment pareil et jusque dans la pose qu'ils consentent parce que ce moment, d'une certaine façon, la requiert, efface l'individualité des parcours de ceux qui s'y trouvent réunis. Un peu plus tôt, un peu plus tard, plus à droite ou plus à gauche, un autre photographe ou le même aurait pu saisir des hommes différents, et cependant totalement identiques par le destin collectif à ceux que nous voyons. Revoici le paradoxe. Le père, le fiancé ou l'ami ne comptent pour rien dans cette situation ; leurs matricules parlent plus que leurs yeux. Si un visage, un peu plus net ou un peu mieux typé que les autres, nous retient un instant, c'est comme support exemplaire d'une connaissance d'ensemble ou d'une méditation mal débrouillée sur l'humain, selon ce que nous y mettons. Il n'épuise rien, mais nous y épuisons le regard de notre intelligence.

Le constat de cet effarement est peut-être encore plus prononcé lorsqu'on doit l'établir de l'intérieur même de la situation, c'est-à-dire lorsqu'on s'en est trouvé partie prenante et qu'il s'agit ensuite, pour une raison ou pour une autre, de rendre compte. Que s'est-il donc passé et qu'en ai-je compris ? L'expérience des rassemblements est là encore exemplaire. Une fois que la foule s'est dispersée, il ne reste plus dans le souvenir des témoins que quelques images confuses et des tronçons de scènes, incapables, si on les met bout à bout, de restituer dans sa densité une action de masse. Les acteurs eux-mêmes, rétrospectivement, alors qu'ils devraient être les mieux placés, croit-on, pour savoir ce qui les a poussés, ne se reconnaissent plus. Ils invoquent alors des causes circonstancielles de dépossession (ou de «possession», comme on voudra) qui les ont plongés dans l'irresponsabilité d'une heure. Convaincu d'avoir assommé deux Italiens à coups de gourdin sous les remparts d'Aigues-Mortes, un certain Buffard déclare : «Je ne nie pas avoir frappé, mais j'étais excité par la boisson et par la foule. Je regrette ce que j'ai fait.»[1]. L'homme du repentir ne peut se reconnaître dans l'homme de la faute que par le biais de l'affirmation de circonstances aliénantes. Il n'est donc plus celui qu'il a été, même s'il ne peut se détacher du souvenir. Un autre accusé, Biblemont, dix-sept ans, a été vu jetant avec violence des tuiles sur des Italiens et, un peu plus tard, agressant, peut-être mortellement, des blessés. Il en convient et ajoute : «J'ai fait comme les autres.»[2]

Cette raison est en un sens tellement vraie pour qui l'entend qu'elle ne saurait surprendre et on sait l'extension que Tarde lui a donnée à la même époque en insistant sur le rôle de l'imitation aux divers moments de la vie sociale. Sans doute la plupart d'entre nous n'arrêtent-ils pas de «faire comme les autres», dans la vertu et la soumission comme dans la délinquance et dans la révolte. La culpabilité, alors, n'est peut-être qu'une question de malchance : de mauvaises fréquentations au mauvais moment. Comment punir la malchance, sauf à lui trouver une contrepartie psychologique décrite en termes de «faiblesse»? Celle-ci, défaut moral, paraît alors mère de complaisance. Surtout, elle ne s'accorde pas avec l'image du citoyen idéal, toujours un peu spartiate quand il s'agit de préserver les valeurs communes. On devrait malgré tout résister, clame l'institution, fût-ce à sa propre infirmité, ne pas se conduire en jouet des circonstances, fuir par principe la ligne de plus grande pente, montrer sa liberté. Car le postulat de cette liberté intérieure permanente, dont les systèmes politiques représentatifs ont besoin pour asseoir leur légitimité, est maintenu contre les vents de l'infortune et les marées de la passion. L'idéologie du sujet autonome[3], tout droit héritée de la morale théologique, ne s'y trompe pas : c'est ainsi qu'en droit les circonstances ne peuvent être au mieux qu'« atténuantes » et qu'on ne les dit jamais, au sens fort, « provocantes ». Or, c'est bien de cette provocation que les acteurs, malgré eux, rendent compte lorsque, ne pouvant plus comprendre de l'intérieur ce qui a pu les mouvoir, ils invoquent des causes qui les ont faits échapper à eux-mêmes et qui les disculpent donc d'une certaine façon au regard du postulat de l'autonomie. Ainsi agissent l'alcool, par exemple, ou l'émotion ou encore la maladie mentale (« j'étais comme fou »). Que ces causes soient ou non les « bonnes » au sens d'un savoir objectif importe d'ailleurs peu, puisque ce qui compte pour la communication, c'est qu'elles soient concevables et recevables, c'est-à-dire qu'elles puissent s'intégrer à une configuration idéologique préexistante, partagée par le pouvoir et ses assujettis. En l'occurrence, que l'occasion ait fait le larron ne démontre certes pas l'innocence, mais la défaillance par rapport à la normalité. L'individu « s'égare » ou « trébuche », puis il se retrouve et se redresse. Son essence, en somme, est préservée malgré les accidents. De même, le repentir ne prouve pas la culpabilité qui le précède, il signe la réintégration dans la normalité.

Cette suspension momentanée de la continuité du sujet qui ferait ensuite retour à lui-même n'a que peu à faire, on le voit, avec ce que prétend étudier la psychologie individuelle ; sa conceptualisation dépend essentiellement, et quel que soit le niveau auquel on l'aborde, des systèmes de régulation sociale. Ce sont bien ces systèmes qui fournissent à une époque donnée la liste opératoire des facteurs de dépossession de soi (remarquons justement que la « possession diabolique », par exemple, ne figure plus dans les listes modernes et que la « drogue », par contre, s'y est ajoutée récemment). Dans tous les cas, les causes de l'anomie circonstancielle ne viennent pas de « notre » monde social, mais de ce qui le menace, sur le front métaphysique (le Mal), sur le front biochimique (l'action des substances), sur le front de l'animalité (le contraire exact de la citoyenneté). S'agissant de ce monde lui-même, il n'est au mieux question, parfois, que d'en aménager la plus évidente matérialité. Les listes opératoires, on l'a déjà dit, ont de ces points aveugles qui nous éclairent peut-être davantage que la lumière qu'elles prétendent jeter sur notre maîtrise des choses.

UN DEFILE DE COLLECTION

Le 28 août, on arrête vingt-deux personnes soupçonnées d'avoir participé activement au massacre. Une seule est originaire d'Aigues-Mortes. La provenance des autres témoigne de l'importance des flux migratoires liés au travail saisonnier : l'Ain, l'Allier, l'Ardèche, l'Ariège, les Bouches-du-Rhône, la Drôme, le Finistère, le Gard, le Gers, la Haute-Garonne, l'Hérault, le Lot, la Lozère, Paris, la Saône-et-Loire, la Savoie, le Vaucluse. Aucune spécificité locale, on le voit, et cette seule communauté des trajets hasardeux de l'emploi, entre misère et aubaine, malchance et occasion, cette seule ressemblance de la précarité comme nous dirions aujourd'hui. Car l'inventaire des professions éclaire aussi la composition de ce groupe : cinq journaliers, quelques cultivateurs, deux hommes de peine, deux manœuvres, deux colporteurs, deux individus sans profession[4]. Quinze d'entre eux ont moins de trente ans. Il existe contre la plupart des témoignages accablants. Un certain Constant, par exemple, a été remarqué par plusieurs personnes à la tête de la manifestation, armé d'un fusil. Selon un gendarme, il a tiré à deux reprises, et à très courte distance, sur des Italiens blessés. Un autre témoin le confirme. On a vu plus haut les charges semblables pesant contre Buffard et Biblemont. Ce n'est pas là-dessus que le doute va faire son travail.

On peut attendre d'abord d'un procès qu'il ait lieu. Ensuite qu'il établisse la vérité et qu'il punisse éventuellement les coupables. Dans le cas qui nous occupe, le procès aura lieu. Il n'établira presque rien et ne punira personne. Gardons-nous cependant d'ironiser ou d'épouser trop facilement la thèse de la manipulation de la cour par le gouvernement aux fins d'apaiser l'opinion publique. Vérité et punition n'ont de sens moderne que par rapport à la raison et à la personne douée de raison, lesquelles sont censées se fondre dans la citoyenneté achevée. Or, le paradoxe de l'individuel et du collectif ressort ici à plein. Comment quelques membres d'une foule pourraient-ils, même s'ils y ont tenu une part active, être jugés responsables de l'ensemble de ses agissements ? D'autres individus aussi ont frappé, qui ne sont pas dans le prétoire, et il est bien certain que nul n'aurait frappé s'il s'était trouvé seul. L'imitation et la suggestion, notions-clés pour la psychologie sociale de l'époque, on l'a dit, sont des facteurs de dé-personnalisation que l'on ne peut à la fois que reconnaître (la science y invite) et repousser (la politique rationnelle l'exige). Alors, qui juge-t-on ? Sighele[5] s'était déjà posé le problème et l'avait résolu de piètre façon, mais sans doute était-ce alors la seule façon admissible et tout porte à croire qu'elle l'est restée aujourd'hui : il faut, disait-il, « que les crimes commis dans une foule soient toujours considérés comme accomplis par des individus demi-responsables ».

Très rapidement instruit, le procès commence le 27 décembre, quatre mois à peine après les événements, devant la cour d'assises de la Charente. C'est en effet à Angoulême qu'il a été renvoyé pour cause de suspicion légitime des jurés du Gard, où un comité de soutien aux accusés a été constitué. L'éloignement, selon une recette éprouvée, fait tomber la passion. Le public qui assiste aux audiences est d'ailleurs clairsemé. Dix-sept accusés comparaissent, dont un seul Italien, Giordano, poursuivi pour son action menaçante lors des premières bagarres aux salins. Cette disproportion entre les deux camps (puisque c'est bien en termes de « camps » qu'on envisage toujours l'affaire) entraîne la colère d'une partie de l'opinion :

> Pour que le procès fût complet, il faudrait qu'à côté des 16 accusés français fussent assis les Italiens, qui, dans la journée du 16 août, vinrent, au nombre de plus de cent, assaillir à coups de bâton, de pelles et de couteaux, quarante ouvriers français[6].

Dix de ces hommes ont moins de trente ans. Je ne sais pas si l'on doit insister sur l'âge. On risque toujours dans ces cas-là d'en faire un facteur moral, comme si la date de naissance ajoutait ou enlevait à la gravité des faits. Il reste que cette jeunesse est difficile à déchiffrer hors des lieux communs habituels. Simple effet statistique (la plupart des journaliers étant de jeunes gens) ou trait sélectif d'une population provisoirement moins soumise que les autres à l'emprise des normes politiques ? Les deux peut-être, dans une combinaison de situation et de dispositions dont l'histoire pourrait fournir d'autres exemples.

Plusieurs accusés sont des repris de justice, antérieurement condamnés pour des délits mineurs, en particulier le vagabondage. L'un d'entre eux y a ajouté la banqueroute, l'outrage public à la pudeur, l'escroquerie et la mendicité. Quelques uns portent des surnoms, ainsi Jean Rouet dit « l'Albinos » ou Philippe Buffard dit « le Kroumir ». Giordano, précédemment expulsé de France après une condamnation, y est revenu clandestinement.

Le consul général d'Italie à Marseille assiste aux débats.

Les témoins se succèdent sans ordre strict, se contredisent à l'occasion, se répètent souvent. Il semble que le tribunal ne s'attache pas beaucoup à démêler la chronologie des événements et que la reconstitution de l'enchaînement des faits ne soit pas son souci majeur. Il est vrai, une fois encore, qu'on ne juge pas un collectif, mais des individus saisis dans une action momentanée qui les débordait de toute part. C'est alors leur « qualité morale» qui l'emporte dans l'esprit de tous sur la dynamique des circonstances.

Il se produit comme toujours quelques incidents amusants dont les journalistes se font l'écho. Celui-ci par exemple, qui met pour une fois en évidence les aléas du schème du regard dans l'administration de la preuve[7] :

> Les autres Italiens entendus font un récit des événements à peu près identique. Un d'eux répond au président, qui lui demande de raconter tout ce qu'il sait, qu'il lui faudrait quatre heures pour tout dire. (On rit).
> Il se borne cependant à faire le récit de l'assaut de la boulangerie de la veuve Fontaine.
> «Je regardais la lutte par un trou de la serrure, dit-il, j'ai vu tomber morts deux Italiens.»
> Le président -Reconnaissez-vous quelques uns des accusés?
> R. -Non, monsieur.
> D. - Vous avez vu cependant par la serrure?
> R. - Oui, mais le trou était très petit[8].

Certaines dépositions concordantes ne laissent aucune place au doute en ce qui concerne le rôle de plusieurs accusés. Quelques uns d'ailleurs, on l'a vu, reconnaissent sans difficulté les faits qui leur sont reprochés. Les autres se contentent de nier maladroitement. «J'ai bien ramassé des pierres, dit par exemple l'un d'entre eux, mais je ne les ai pas lancées». L'accusé Barbier est formellement reconnu par trois témoins et par un gendarme :

> Il se serait vanté en sa présence d'avoir pour sa part tué au moins deux ou trois Italiens. «C'est faux! s'écrie l'accusé. Je n'ai pu dire cela, puisque je n'y étais pas.» Le président lui rappelle alors qu'à l'instruction il a avancé avoir fait comme les autres. «Oh! ce n'est pas exact, se borne à dire Barbier. Il doit y avoir erreur.»[9]

La défense est faible. Elle ne peut guère s'appuyer que sur l'incertitude de certains témoignages, la confusion extrême qui a régné aux moments les plus graves et le fait que d'autres présumés coupables n'ont pu être identifiés et appréhendés. Un témoin, par exemple, un étudiant, déclare qu'un homme vêtu d'une chemise rose et d'un bonnet rouge tirait des coups de revolver à bout portant sur des blessés. Mais il n'a pu le reconnaître, «la mêlée était générale, il y avait beaucoup de poussière». Réalité des foules, évaporation des individus encore. Finalement, les avocats implorent la clémence du jury pour de «malheureux égarés» et souhaitent, comme il leur convient, que le verdict aille dans le sens de l'apaisement. Le procureur général lui-même, suivant en cela les déclarations de plusieurs accusés et l'opinion commune, a d'ailleurs reconnu dans son réquisitoire que l'origine des incidents était imputable aux Italiens, qualifiés de «véritables provocateurs». Il s'appuie en particulier sur le fait que les sept blessés français victimes des premiers incidents avaient tous été atteints par derrière : « C'est la preuve qu'ils cherchaient, non à attaquer, mais à échapper à leurs agresseurs. »

Le 30 décembre, après deux heures de délibération, la réponse du jury étant négative sur toutes les questions, la cour prononce l'acquittement des accusés.

L'INSTITUTION DE LA PENSEE

La signification politique de ce verdict n'échappe à personne et en scandalise même quelques-uns[10]. Les attaques anti-françaises connaissent à cette occasion une nouvelle flambée dans la Péninsule.

Il ne s'agissait pas, cependant, de blanchir des tueurs d'Italiens ni de passer par profits et pertes une histoire finalement embarrassante pour tout le monde. La décision du tribunal met plutôt en évidence l'incapacité de la pensée institutionnelle lorsqu'il est directement question des arcanes d'un phénomène social; elle ne peut alors que s'abandonner au doute à moins de tomber dans les idées reçues, ou encore, comme elle le fait parfois, se reconnaître incompétente et détourner le regard. Cette limitation de la pénétration n'est pas propre, d'ailleurs, au champ juridique, même si elle prend ailleurs d'autres formes, éventuellement plus actives; on la retrouve lorsque l'institution ecclésiastique, par exemple, se heurte au mysticisme collectif[11] ou lorsque l'institution militaire classique s'affronte à la guerre populaire. Le prévisible, alors, cesse de l'être, la normalité s'effrange. Les procédures habituelles perdent soudain de leur efficace. La décision s'affole. De l'extérieur, cependant, les choses paraissent simples : qu'y a-t-il donc à comprendre lorsqu'on change de registre, sinon que doivent changer aussi les outils de la compréhension ? Mais cette question, à supposer qu'on puisse toujours la résoudre, n'est pas la plus fondamentale. Il y en a une autre, et elle renverse la perspective : qui nous garantit d'abord qu'il s'agit bien de comprendre ?

C'est une illusion d'intellectuel, sans doute, d'imaginer que l'intellection précède et guide l'action ou que ce devrait être le cas dans l'idéal de l'action. Peut-être en est-il ainsi, certaines fois, vis-à-vis de certains problèmes et dans certaines circonstances, pour certains sujets, dont l'introspection littéraire et philosophique a magnifié l'exemple. Mais, formels ou informels, les collectifs obéissent à d'autres priorités. Ils répondent d'abord à l'émotion qu'ils éprouvent ou ils tendent à perpétuer l'organisation qu'ils ont établie. Les conflits entre l'intellection et l'émotion ou entre l'intellection et l'organisation connaissent toujours le même perdant. Une société, pour aller tout de suite au plus global, est faite de dispositifs, notamment topiques mais aussi mentaux, pour enseigner, travailler, négocier, prier, voter, acclamer, punir, soigner, se distraire, etc. Tous les verbes d'action ou presque pourraient d'ailleurs convenir dans cette liste, y compris manger[12], séduire ou se déplacer. Or, si tout cela peut être fait sans comprendre (j'entends : au-delà du strict nécessaire de ce qu'on appelle l'intelligence des situations), rien de cela ne peut être fait sans régulation, contrôle, imposition, sans un appareil de normes intériorisées ou extériorisées dont la minutie et l'arbitraire, si l'on y réfléchit bien, étonnent. Pensons à la technique pour mieux serrer encore ce dont il s'agit. L'utilisation quotidienne de la technique, on le sait bien, n'implique par elle-même ni connaissance fondamentale des principes scientifiques ni même curiosité pour cette connaissance ; la disponibilité de la technique, par contre, impose la réglementation. On ne demande pas à un automobiliste d'être expert en mécanique rationnelle, mais de se conformer aux lois. De même, on peut voyager beaucoup sans rien saisir ou presque de ce que l'on voit et sans réfléchir une seconde sur l'altérité, mais tout voyage est à sa façon « organisé », jusque dans le fait de décider ou de refuser de voir, de prendre ou non le temps nécessaire pour un monument ou pour une rencontre, sans même évoquer les lois sur les transports, le passage des frontières et les vaccinations. Le monde de l'action, ainsi, n'est pas forcément ce que l'on interroge pour le comprendre, bien qu'il soit forcément ce sur quoi l'on prend emprise. La confusion de ces deux mouvements, parfois solidaires mais souvent contradictoires, a des conséquences sur la connaissance, sur la politique et tout simplement sur la vie.

Il convient en effet de distinguer à cet égard, fût-ce au prix d'une schématisation provisoire, la pensée institutionnelle et la pensée scientifique. Toutes les deux, certes, sont également instituées, mais dans un rapport différent : l'une se sert de l'institution pour assurer sa propre maintenance et son propre progrès (quel que soit le sens, descriptif ou normatif, donné à ce terme), l'autre sert la maintenance et le progrès de l'institution. L'une a pour vocation d'administrer la preuve et l'autre pour vocation d'administrer les gens. L'une encore est en quête d'énoncés exacts, l'autre se préoccupe d'énoncés adéquats. Ce n'est pas la même chose, par exemple, de soumettre un article au comité de lecture d'une revue internationale et de soumettre un projet de loi devant un parlement ; et ce n'est pas la même chose de prétendre analyser une conduite collective pour en reconnaître les déterminations et de tenter d'établir des responsabilités individuelles à des fins de sanction. Qu'il s'agisse apparemment d'opinion dans tous ces cas n'est guère plus qu'une identité de mot. Le jugement, en effet, vaut par ce qui le fonde dans un certain usage et en fait apparaître la légitimité auprès d'un groupe ; il vaut, autrement dit, par la mise en œuvre de règles établies et plus ou moins codifiées, sur le fond d'une idéologie partagée. Il n'aurait pas d'influence autrement et ne serait souvent même pas entendu, car on ne le tiendrait pas pour recevable dans la communauté considérée. La comparaison du respect de la méthode, en science, et du respect des dispositions prévues, en droit, montre bien que la pensée scientifique et la pensée institutionnelle n'ont précisément pas les mêmes règles, ce qui entraîne qu'elles se trouvent en permanence décalées l'une par rapport à l'autre. Leurs objets respectifs, quand bien même ils porteraient à l'occasion le même nom, sont mutuellement irréductibles. Ce n'est pas une question d'information réciproque dont on constaterait le défaut rémédiable, c'est une question de structure ou, si l'on préfère, d'étrangeté mutuelle des procédures. Alors même que Sighele, Tarde et Le Bon, à l'époque des événements d'Aigues-Mortes, réfléchissent sur les foules, les juges n'ont d'autre ressources que le code civil, la jurisprudence et le bon sens. Tous ont raison dans la position qui est la leur, parce que leurs références conceptuelles et pratiques ne sont pas les mêmes organiquement, non plus que les exigences de leurs projets respectifs. La déjà longue expérience des sciences sociales, y compris la face malheureuse de cette expérience, montre qu'on peut gérer utilement sans comprendre et bien comprendre sans rien engager d'utile. Il n'y a pas là de scandale.

Cette indépendance radicale des deux formes de pensée apparaît d'ailleurs de façon très claire, paradoxalement, lorsqu'un pouvoir politique s'efforce de les faire converger sous la pression des circonstances, notamment du fait de l'évolution des pratiques culturelles, quand il ne s'agit pas simplement des nécessités de sa propagande. On voit alors que la pensée institutionnelle ne consulte finalement la pensée scientifique que sur deux modes, parce que ce sont pour elle les deux seuls modes *possibles* : le mode technique de la faisabilité et le mode éthique de l'admissibilité. Elle lui demande d'indiquer ou de confirmer ce qui peut être entrepris et ce qui doit être toléré ou interdit. C'est par là que passe d'ordinaire la double frontière, qui se trouve alors précisément levée, d'une part entre l'expert et le savant, de l'autre entre le savant et le « sage »[13]. Lorsqu'elle s'en préoccupe, l'institution politique requiert de la science un savoir-faire et, le cas échéant, un supposé « savoir-juger », non un savoir-penser ni, si l'on peut risquer l'expression, un savoir-connaître. Là encore, cette détermination de leurs rapports qui peut paraître réductrice ou cynique n'a rien à voir en fait avec l'intelligence ou la morale. Elle est l'effet de l'articulation de deux systèmes radicalement différents pour lesquels la cognition n'a pas les mêmes règles ni la même fonction.

Cette différence est souvent occultée ou minimisée, d'un côté par les prétentions de la «politique rationnelle», de l'autre par les ambitions de la «science appliquée». Mais que la crise enfonce tant soit peu son coin dans cet assemblage et la différence éclate. On sait bien alors ce que gouverner exige et ce que la pratique de cet art ne requiert pas. On ne feint plus de se tromper de genre. En voici un seul exemple, mais il suffit par son excès même, un excès de clarté. La pensée institutionnelle est ici relayée par un journaliste qui s'exprime avec une ingénuité dont nous avons perdu l'habitude. Et cette ingénuité lui permet en fin de compte d'avancer que la compréhension n'est pas nécessaire à la maintenance de l'institution, que la question de cette compréhension ne se pose en l'occurrence même pas, et que le savoir-faire conduisant à la maîtrise constitue la justification propre de l'institution efficace ou, si l'on préfère, le but unique sur lequel elle doit se régler pour assurer ses effets :

> Que de fois n'avons-nous pas dit qu'il fallait absolument, dans tous les centres ouvriers où peuvent se produire tout à coup des agitations et des excitations dangereuses pour la sûreté publique, avoir toujours à proximité des troupes suffisantes pour maintenir ou rétablir l'ordre ! Il faudrait surtout être en mesure de les porter rapidement partout où le besoin s'en fait sentir, de façon à empêcher à temps des événements et des malheurs souvent irréparables. Le procès d'Aigues-Mortes nous fournit une nouvelle preuve de cette vérité[14].

Il est difficile, sans doute, dans le cas qui nous occupe, de trouver plus nette illustration de la différence entre la «vérité» de l'action et celle de l'intellection. A sa manière aussi, le procès d'Angoulême s'était installé dans cette disjonction.

NOTES

[1] Audition du 28 décembre.
[2] Même jour.
[3] *Cf.* Beauvois, 1994, *op. cit.*
[4] Sur 58 individus ayant participé activement à un lynchage aux Etats-Unis, on comptait 19 chômeurs, 13 manœuvres et 8 cultivateurs (Cantril, 1941, cité par Stoetzel, 1963, p. 232).
[5] *Op. cit.* Voir également, pour une discussion d'époque, l'article de G. Valbert, La théorie d'un positiviste italien sur les foules criminelles, *Revue des Deux Mondes*, 1er novembre 1892, 202-213.
[6] *Le Mémorial d'Aix*, 31 décembre 1893, cité in Barnabà, *op. cit.*, p. 74.

[7] Sur la prégnance de ce schème, notamment dans la genèse des rumeurs qui se rapportent à une affaire criminelle, *cf.* Rouquette, 1992.
[8] *Le Petit Méridional*, 30 décembre 1893 (compte-rendu de l'audience du 29).
[9] *Ibid.*
[10] Les journaux signalent une altercation entre les avocats de la défense et quelques journalistes qui ont protesté contre le verdict. Celui-ci ne fait qu'illustrer la remarque de Durkheim (rééd. 1973, p. 69) : «On comprend que la réaction pénale ne soit pas uniforme dans tous les cas, puisque les émotions qui la déterminent ne sont pas toujours les mêmes. Elles sont, en effet, plus ou moins vives selon la vivacité du sentiment froissé, et aussi selon la gravité de l'offense subie.» Le sentiment froissé par l'assassinat de quelques Italiens ne devait pas être bien vif.
[11] L'un des meilleurs exemples historiques, en France du moins, est celui de l'effarement de l'Eglise devant ce qui se disait d'incompréhensible pour elle dans les «folies» des convulsionnaires, au début du XVIIIe siècle : *cf.* Vidal, 1987.
[12] Voir par exemple Lahlou, 1995.
[13] *Cf.* ci-après le chapitre sur «La construction des mondes politiques».
[14] *La Liberté*, de Paris, citée dans *Le petit Méridional* du 30 décembre.

Chapitre 6
Rhétorique de la violence ou ce que tuer veut dire

Sortie de l'anecdote, l'affaire d'Aigues-Mortes nous interroge encore d'une autre façon. La question est de savoir pourquoi (c'est-à-dire à la fois dans quel but et pour quelle raison) nous utilisons éventuellement la violence dans les rapports sociaux. Cette question peut dérouter : d'abord parce que la violence paraît tellement naturelle et, si l'on peut dire, constamment émergente, qu'on n'éprouve pas le besoin de lui trouver des raisons ; ensuite parce que la réponse paraît évidente : la violence est un moyen d'imposer notre volonté. C'est bien ainsi qu'Hannah Arendt la caractérise dans le champ politique :

> La violence est, par nature, instrumentale ; comme tous les instruments, elle doit toujours être dirigée et justifiée par les fins qu'elle entend servir[1].

Les choses, cependant, sont loin d'être aussi simples. Il suffit de remarquer pour s'en convaincre, d'une part que notre volonté emprunte parfois d'autres chemins qui lui permettent également de s'imposer (l'éducation, la négociation, la manipulation), d'autre part qu'il arrive aussi que la violence exercée ne soit pas rattachable à un projet défini (et on la dit alors « gratuite » parce qu'elle ne sera pas apparemment payée de bénéfice). Dans le premier cas, la violence apparaît comme un moyen parmi d'autres, ce qui laisse intacte la question de ses conditions d'application ; dans le second, elle apparaît, non comme un instrument, mais comme un mode d'existence ou d'affirmation par l'action dont on peut voir éventuellement la genèse psychologique, mais dont la genèse psychosociale, s'agissant de violence collective, demeure opaque. S'il n'y a pas de projet, la violence cesse d'être un moyen; si la violence s'identifie au projet, la question de départ reste entière.

Il faudrait faire une place réservée, semble-t-il, à la violence par vengeance, dans la mesure où elle constitue une forme de rétribution hautement socialisée : elle applique par exemple une loi, celle du talion, ou bien restaure l'honneur qui a été bafoué sous le regard d'autrui, avec de toute façon une valeur *spectaculaire* et, dans une société donnée, un caractère assez prévisible. Réponse programmée à une violence antérieure, elle est pour ainsi dire réactionnelle et correspond à la mise en œuvre d'un mécanisme, non à la péripétie d'un projet dont la réalisation pourrait en théorie se dérouler autrement. Une fois encore, on le voit, l'application de la violence n'est pas liée intrinsèquement à la notion de projet et ne peut donc être caractérisée intrinsèquement par son instrumentalité. Il faudra en tirer les conséquences cognitives et renoncer en particulier à faire du seul calcul de rentabilité un déclencheur universel. Les descriptions naïves le savent bien, qui ont recours au vocabulaire des passions lorsqu'elles parlent d'un «excès de colère», d'un «emportement» ou d'une «frustration longtemps accumulée».

Passons sans transition à la rhétorique, et d'autant plus facilement, on y viendra tout-à-l'heure, qu'il n'y a pas en fait de transition. Il suffit en effet de considérer les mêmes clauses pour aboutir aux mêmes remarques et pour établir ces deux concepts dans le même cadre.

La rhétorique aussi sert à l'imposition d'une volonté, en emportant la conviction comme on emporte une redoute (et ce peut être par surprise). Mais cette même volonté qui vise à faire triompher une cause rencontre parfois de tels obstacles qu'elle emprunte d'autres chemins pour aboutir, notamment la violence. La devise «Ultima ratio regum» sur les canons de l'Ancien Régime l'exprimait clairement : une fois épuisés les arguments de la diplomatie, le dernier mot revient à la poudre. Ainsi les moyens changent selon les moments, si la volonté perdure. L'important est que celle-ci demeure pour soutenir dans la durée, par les voies qu'elle choisit, l'avénement et l'installation du projet. La rhétorique peut donc être relayée sans que la volonté qui l'avait engagée se soit modifiée, et précisément même parce que cette volonté n'a pas changé et qu'elle sait prendre tour à tour les moyens qui lui conviennent. Ce lien de subordination permet déjà de mettre un peu d'ordre dans les concepts.

Il s'en faut, cependant que tout s'y ramène. D'abord parce que les figures de rhétorique peuvent être pratiquées sans projet défini : elles sont constamment disponibles en tant que ressources de langue, on peut à ce titre apprendre à les reconnaître bien que ce ne soit pas nécessaire, et il n'est pas besoin à chaque instant de les réinventer, de les «calculer» délibérément ni même d'en régler l'emploi. La rhétorique se pratique comme la prose selon Monsieur Jourdain. Pour autant, au-delà même des seules normes propres à la langue, la mise en œuvre de ses figures n'est pas aléatoire. Leur utilisation plus ou moins récurrente, et subtilement différenciée, témoigne bien d'un «contrat» entre les partenaires de la communication comme l'a montré Ghiglione[2], contrat qui repose sur «l'acceptation de principes de pertinence et de réciprocité». De ce fait, l'apparition dans la conversation de telle ou telle forme linguistique, y compris à des niveaux d'analyse très fins, n'a rien d'immotivé. Mais le contrat de communication, en tant que système reconnu de contraintes partagées, n'est pas assimilable à un projet. Il en représente même le plus souvent le contraire, si l'on considère que le projet a pour ambition, ou pour effet associé à son ambition, de modifier unilatéralement les contraintes. Bref, là où le contrat définit une situation de communication qui place les partenaires dans une position de connivence, le projet vise à s'en affranchir. Il instrumentalise la relation et utilise notamment la rhétorique en conséquence, alors que le contrat détermine les instruments, notamment rhétoriques, de la relation.

On doit enfin considérer les cas où la rhétorique est employée, délibérément cette fois, non pour imposer une volonté et servir un projet qui se déploie dans la durée, mais pour provoquer un effet momentané (poétique par exemple, émotionnel, humoristique), «à consommer sur place». La violence connaît aussi cet usage, lorsqu'elle entend produire un effet de terreur sans que celui-ci soit forcément un moment d'une stratégie (et il conviendrait d'ailleurs de reprendre à cet égard la distinction trop souvent négligée entre tactique et stratégie, à laquelle pourrait correspondre une distinction entre intention et projet).

Une conclusion simple découle de ces quelques remarques : la réalisation du projet utilise tantôt la rhétorique et tantôt la violence; la violence et la rhétorique peuvent exister sans projet; donc la violence comme la rhétorique sont indépendantes du projet.

L'ECART ET LA NORME

On réserve d'habitude la rhétorique au discours, ce qui est à la fois historiquement exact, linguistiquement évident, pragmatiquement douteux et cognitivement insoutenable. Retenons seulement les deux derniers points.

La seule question originaire pour l'anthropologie cognitive est celle de la compréhension pratique du monde que manifestent, de façon diverse ou homogène, les groupements humains : comment se constituent, s'adaptent, évoluent et se transmettent les schèmes et les thèmes génériques de la connaissance. De ce point de vue, le monde n'est pas le théâtre de la langue, le lieu où elle adviendrait pour s'éprouver et qui lui fournirait en somme des prétextes; c'est la langue qui constitue un des théâtres, le plus étendu sans doute et le plus versatile, mais il n'est pas exclusif, de la compréhension du monde. Ou alors il faudrait considérer qu'il n'est d'intellection que par la langue, ce qui exclurait le geste, l'organisation de l'espace, la matérialité de l'œuvre, la fonction des arts, les logiques de l'économie, les mécanismes de l'échange, etc. Chaque création, et les institutions en font partie au même titre que les énoncés ou que les outils, est une forme concrète d'intellection de la fraction d'univers qui constitue son objet. La cognition peut se lire dans toutes les pratiques et dans toutes les œuvres qui les accompagnent ou en résultent. Leroi-Gourhan l'a montré naguère en étudiant les instruments de l'agriculture, de la pêche et de la chasse[3]. Plus largement, il n'est pas de métaphore que linguistique, par exemple; de même, il existe des emphases architecturales, des ellipses picturales, des redondances rituelles, etc. Dès lors qu'une figure de rhétorique est une figure d'intellection parmi d'autres, qui n'ont pas le même support, on doit admettre que la langue exprime ou réalise de façon particulière l'intellection sans l'absorber.

On pourrait encore envisager de soutenir qu'il existe une forme d'intellection propre à la langue, celle qui permet de réfléchir toutes les formes d'intellection, y compris elle-même. Mais ce ne serait vrai que jusqu'à un certain point, celui des primitives mêmes de l'intellection, dont la langue n'est en fait à sa manière singulière que réalisation et mise en œuvre (la fonction symbolique par exemple). Il n'est donc pas possible de considérer que la langue et la cognition sont co-extensives. Ce point, qui est totalement évident pour les neurosciences, semble jusqu'à présent l'être beaucoup moins pour les sciences sociales, victimes peut-être d'un préjugé lié aux méthodes d'accès aux données qu'elles utilisent le plus souvent.

C'est pourquoi on voudrait appeler ici rhétorique toute figure d'intellection de la situation, des enjeux et du partenaire, dont l'application conduit éventuellement à la réalisation d'un projet d'influence. La guerre, en ce sens, peut être rhétorique, et même n'est pas autre chose si l'on suit la célèbre définition de Clausewitz : «la continuation de la politique par d'autres moyens». Elle est aussi, conséquemment, «la continuation de la rhétorique par d'autres moyens». De même que la guerre est politique, la violence est rhétorique. C'est particulièrement clair, et même banal, quand il s'agit pour un groupe de faire aboutir ses revendications auprès d'un pouvoir : la grève, la manifestation, l'occupation des locaux succèdent à l'argumentation et *s'y substituent*, puis contraignent éventuellement à la négociation. La rhétorique change d'habits, si l'on veut, elle ne change pas de fonction, et une analyse approfondie montrerait sans doute qu'elle ne change même pas de forme, au sens des figures générales d'intellection : «faire obstruction», «bombarder de questions», «entrer en campagne», «coincer l'adversaire», «augmenter la pression», sont un peu plus que des façons de parler et renvoient à des schèmes d'action qui peuvent se concrétiser tantôt par le verbe et tantôt par le geste. Il existe une autre manière encore de dire tout cela en prenant simplement les choses à rebours : pourquoi n'est-on pas tout le temps en guerre? Précisément parce que «les autres moyens» suffisent, c'est-à-dire à leur façon en tiennent lieu, ce qui ne remet pas en cause, on le voit, la compréhension fondamentale de la situation.

On dira que les massacreurs d'Aigues-Mortes, lors de leur marche contre les Italiens, n'étaient pas dans un projet rhétorique : ils n'avaient pas de stratégie, dont l'application de la violence qu'ils ont exercée aurait été une phase. C'est vrai si l'on prend le terme «projet» dans le sens restrictif et réflexif d'un calcul qui peut être explicité, discuté, pondéré, aménagé. Mais cette propriété est au fond contingente dans un grand nombre de fonctionnements sociaux. La meilleure preuve en est que l'absence de pareil projet n'a pas empêché le maire de la ville de comprendre parfaitement où voulaient en venir les émeutiers, comme le montrent les termes de sa proclamation quelques heures à peine après le massacre :

> Toute satisfaction a été donnée aux ouvriers français. (...) Recueillons-nous pour panser nos blessures et, en nous rendant paisiblement au travail, prouvons combien notre but a été atteint et nos revendications satisfaites.

Il savait bien, en l'occurrence, ce que frapper et tuer voulaient dire.

Quand on lynche un nègre, par exemple, quelle est l'intention de la rhétorique? Dire que la justice régulière n'est pas équitable et que la communauté ne s'y reconnaît pas; dire aussi que la communauté s'instaure en tant que compétence suprême au nom de certaines règles qui l'emportent sur les normes imposées de l'extérieur. Mais en quoi le lynchage est-il rhétorique? Parce que la loi officielle existe et qu'il emprunte une autre voie, qui se distingue précisément de celle qu'emprunterait «le déroulement normal de la justice». Et aussi parce qu'il ne va pas sans certaines formes de « cérémonie » dont le cinéma et la littérature ont rendu familière l'horreur programmée derrière l'apparent désordre des apparences[4].

Revenons à Aigues-Mortes. Les travailleurs saisonniers français s'y plaignent de ce que les employeurs embauchent des étrangers. Mais le moment venu, ce ne sont pas les employeurs qu'ils attaquent, ce sont les étrangers. La menace, non formulée bien que réalisée, est parfaitement entendue : « N'employez plus d'étrangers, sinon on les tue. » C'est bien un argument rhétorique, qui ne se situe pas au même degré pour ses destinataires que celui-ci, par exemple : « N'employez plus d'étrangers, sinon on vous tue. » Ainsi, ce n'est pas aux Italiens qu'on s'adresse, mais ce sont les Italiens qu'on frappe. S'agissait-il de les convaincre de ne plus venir ou leurs employeurs de ne plus les faire venir? Ce déplacement est très fréquent dans l'action collective. De nos jours, les manifestants qui s'en prennent aux devantures des magasins ou aux véhicules en stationnement ne s'adressent en fait ni aux commerçants ni aux automobilistes.

On en arrive ainsi à la notion centrale d'*écart*. La figure de rhétorique au sens strict est toujours un écart par rapport aux anticipations régulières, c'est-à-dire par rapport au déroulement normal, banal et simple, du discours. De même, la violence est un écart de conduite. La première déplace, inverse, souligne, élide, là où on attendrait une place marquée, un ordre strict, une égalité de ton, une explicitation totale. La seconde aussi outrepasse, bifurque, s'acharne, joue à côté du jeu qu'on lui trouverait naturel.

Dans un cas comme dans l'autre, cependant, on ne pratique pas n'importe quel écart. Il faut que celui-ci paraisse légitime à sa manière au regard de ceux qui le produisent. Ils se réfèrent donc à une autre normativité que celle qui condamne ou du moins marginalise cet écart dans les circonstances habituelles. Il existe ici une dualité ou plutôt une bascule de la pensée, exactement comme si trouvait à s'appliquer un principe de conditionnalité : « Normalement, ça ne se fait pas. Mais dans certaines conditions, on peut. » On peut pratiquer la licence poétique, par exemple, si le genre y autorise. La facilité oratoire. Ou, parfois, la transgression mortelle. Comme le note Flament à ce propos :

> Il ne s'agit pas de la mauvaiseté d'un individu, mais de situations sociales légitimantes, à chaque fois selon un système conditionnel bien spécifique[5].

Et encore tout n'est-il pas permis. L'inventaire scrupuleux des figures (les « tropes ») est un inventaire des écarts consacrés. Le « Gradus ad Parnassum » des collèges classiques fournissait pour chacun une liste d'exemples pris dans les meilleurs auteurs. Ceux-ci, qui apportaient en quelque sorte leur caution, servaient de modèles à imiter et de sources d'inspiration, ce qui n'allait évidemment pas sans répétition. Mais la répétition, en gros ou en détail, était aussi l'effet recherché.

Dira-t-on qu'il n'y a pas de «Gradus» de la violence? Rien n'est moins sûr. Ces figures de l'action collective n'ont pas besoin d'être écrites pour être connues. Elles n'ont pas besoin d'être illustrées pour être répétées. Et aussi bien, aujourd'hui, les médias les font largement connaître et les illustrent à la moindre occasion. Nous revoyons les mêmes scènes comme on retrouvait jadis, dans les compositions, les mêmes métaphores. La violence urbaine, par exemple, adopte des formes récurrentes qui la rendent presque prévisible dans ses effets : elle s'attaque aux cabines téléphoniques, aux véhicules, aux devantures des magasins. Elle a aussi, semble-t-il, le goût discret de l'incendie. Elle prend rarement d'assaut les bâtiments officiels, moleste exceptionnellement les personnes qui n'appartiennent pas aux forces de l'ordre (et, pour ces dernières, limite sa violence). Tel est son classicisme spontané, que l'exploitation du moment et du lieu semble guider, à la façon d'une improvisation. Mais cette improvisation apparente se cantonne en fait à certaines formes d'agression qui paraissent à la fois admissibles et réalisables.

On retrouve toujours cette forme de «convenance». A Aigues-Mortes au début, les assaillants utilisent des pierres, des tuiles et des manches d'outil, ce qu'ils ont sous la main, ce que la situation leur offre, les ressources immédiates du chantier; il en résulte quelques blessés. C'est dans la deuxième phase seulement, lorsqu'un cortège s'est formé sur le mode militaire (avec drapeaux et mot d'ordre), qu'apparaissent les armes à feu et le sens de la manœuvre. Il y a des morts. On passe de la violence d'occasion, qui utilise les moyens coutumiers de la rixe, à la violence programmée selon des formes que l'on connaît, commandées alors par une motivation générique : la patrie est en danger, les Italiens tuent les Français. Ce glissement n'est imputable ni à l'influence de supposés meneurs ni à une dégradation subite du sens de la mesure. Ainsi que le remarque Cobb à propos de la Révolution française :

> Il est un problème plus important que ceux qui touchent aux cas personnels et à la morale, c'est de savoir quels étaient les types de violence admis et ceux qui ne l'étaient pas, dans l'optique révolutionnaire et populaire[6].

La réponse à cette question est en un sens facile si on lui donne les apparences d'un principe : est admis l'écart qui correspond aux réquisitions de la situation telle qu'elle est vécue et construite; inadmissible l'écart qui les contredirait et ferait alors sortir partisans et adversaires de la situation commune qui les institue précisément en tant que tels à un certain niveau de tension. C'est, par exemple, le modèle de l'insurrection qui appelle des morts, alors que la protestation légaliste ne saurait les tolérer et va jusqu'à organiser elle-même son service d'ordre afin de ne pas changer de nature. De même, une fois la violence urbaine engagée, on va brûler des cageots ou des pneus avant de brûler des voitures et brûler des voitures avant d'incendier des bâtiments. Ce n'est pas une question de moyens : c'est une question de moments. Ce n'est pas non plus une question d'innovation : c'est une question d'adéquation. Les règles existent, ici comme ailleurs, plus contraignantes peut-être de demeurer inaperçues. En d'autres termes, on n'invente pas en général l'écart qu'on pratique dans une situation donnée, mais on invente au besoin la situation qui l'appelle sous une forme spécifique. On peut inventer aussi, après coup, une présentation de la situation qui rende au moins compréhensible et peut-être excusable la conduite qu'on y a eue. De même l'avocat construit sa plaidoirie selon la version qu'il veut donner des faits, et il convoque alors la rhétorique convenable et convenue, efficace s'il a du talent, laborieuse ou inspirée, lourde ou subtile, mais en tout cas admissible dans l'enceinte du prétoire.

Il est aussi, dans l'ordre privé, des écarts de conduite recevables et d'autres qui restent sans pardon. On peut penser que c'est leur recevabilité perçue qui en détermine comme condition nécessaire (sinon suffisante, car il y faut d'autres ingrédients) le déclenchement. Et la vertu n'est de son côté qu'une extraordinaire aptitude à la conformité d'une époque et d'un milieu. Le vice aussi, d'ailleurs, le cas échéant. Seule compte ici, ou presque, la prégnance du code commun, c'est-à-dire l'appropriation médiatisée que l'individu fait de ce code pour régler, toujours plus ou moins sous le regard d'autrui, le cours de ses actes. La morale personnelle de la tolérance à l'écart est une morale collective à peine modulée. Comme le remarquait Georges Sorel, qui s'y connaissait en violence :

> Je suis persuadé qu'il est à peu près impossible de savoir s'il y a des gens foncièrement honnêtes dans nos agglomérations. Il n'y a probablement que des gens surveillés depuis des siècles. Ces gens honorés ne volent pas et ne tuent pas, non parce qu'ils ne veulent faire tort au prochain, mais parce qu'ils subissent la contrainte qui commande de respecter les principes de l'agglomération[7].

Il faudrait bien entendu ajouter : « quoi qu'ils en disent », et rappeler que le discours, surtout dans une situation de contrôle étroit, n'est pas la clé de la conduite. La mention du sentiment de faute n'est pas le sentiment de faute, et le sens donné à la notion de faute n'est pas toujours celui qui a arrêté ou suivi l'acte. La rhétorique du discours compense ainsi la rhétorique des conduites, et réciproquement. « Retenez-moi ou je fais un malheur » : je ne le ferai pas.

Le lien de symétrie entre rhétorique proprement verbale et violence devient parfois évident, comme si la récurrence des gestes et des mots se répondait alors en écho et retrouvait son équivalence formelle. Relevant la répétition dans tous les camps, toujours à l'époque de la Révolution française, des formes de l'appel au meurtre et des compte-rendus des exactions, Cobb note ainsi : « Nous avons donc un vocabulaire normalisé du massacre. »[8] C'est bien dans cette normalisation, non seulement matérielle mais aussi linguistique, de l'écart que se trouve aussi la *possibilité* de l'écart et que celui-ci, dans une certaine mesure codifié, engendre ses imitateurs ou ses émules. Il ne faudrait pas en conclure pour autant, selon une erreur de raisonnement qui semble assez commune, que l'interdiction du mot puisse entraîner celle de la chose. L'interdiction d'emploi de vocables racistes ne fait pas disparaître le racisme, parce que celui-ci n'est pas appris à partir de l'emploi de ces vocables. Il tient à une structure de connaissance et à une structure de rapports sociaux. De même, on espère l'avoir assez montré, l'apparition de la violence n'est pas due à un « jeu de mots », mais à une situation appréhendée à son tour selon un certain état de connaissance.

FIN DE PARTIE

Vient un moment où le massacre cesse, ce qui est presque aussi étonnant que de le voir commencer. L'étonnement ne vient pas du côté de la prise en compte du projet. Là, les raisons les plus courantes de la suspension de la violence sont clairement stratégiques ou tactiques : soit les objectifs intermédiaires ou terminaux ont été atteints, soit on n'a plus les moyens de continuer l'action (victoire de la partie adverse, neutralisation par les forces de l'ordre, démoralisation, etc.) D'une façon ou d'une autre, un tel destin attend le projet, puisque la violence lui est instrumentale au sens de Hannah Arendt. Une fois l'instrument utilisé efficacement, ou cassé en cours d'emploi, on passe à autre chose. L'étonnement vient de la soumission des acteurs aux ordres nouveaux qu'ils reçoivent et de leur inertie soudaine face à cette restriction de leur capacité rhétorique. Pourquoi ne pas continuer à tuer des Italiens, en petit groupe cette fois, et à la sauvette ? La présence forcément limitée de l'armée n'empêcherait pas toutes les agressions, dût-on les différer ou les déplacer ailleurs. Mais rien ne se produit dans les campagnes ou les villages proches. Et à Nancy, à Paris, malgré les incidents qu'on a vus[9], malgré l'enthousiasme avec lequel certains ont salué l'«action vengeresse» d'Aigues-Mortes, aucune attaque sanglante ne se produit. Cette journée de bruit et de fureur n'a aucun lendemain qui sonnerait au même diapason. L'armée et la police, vite engagées par le pouvoir désormais en éveil, y sont certes pour quelque chose; mais ce n'est jamais, dans ce genre d'affaire, une explication suffisante.

A considérer les événements tels qu'ils ont eu lieu, il semble que nous rencontrions à nouveau la question de l'homme en foule. Un groupe se forme en quelques heures et il commet le pire. Ensuite, plus rien ou presque. L'armée a été efficace, dira-t-on avec raison, parce qu'elle a dispersé la foule dès son arrivée, puis l'a empêchée de se reconstituer. Mais il ne faut pas se tromper sur la nature des mécanismes qui sont en cause. Ce n'est pas que la foule provoque une diminution de la responsabilité individuelle, un état hypnotique, comme l'ont prétendu Le Bon et Freud[10] et que la dispersion de la foule entraîne ainsi un retour à la normale des individus, enfin rendus à eux-mêmes. Cette description, bien dans la ligne des médecins que furent ces deux auteurs, est peut-être exacte au niveau de la personne. Elle est inadéquate quand il s'agit d'un collectif parce qu'elle présuppose que celui-ci est réductible à des dynamiques individuelles multipliées autant de fois qu'il le faudra. Or il ne faut pas oublier qu'un collectif est fait aussi de composantes matérielles, notamment topiques, de réseaux de communication, d'équipements, toutes choses sur lesquelles Bruno Latour a insisté, et pas seulement à propos de sociologie des sciences[11]. Ajoutons-y, dans notre perspective, les représentations sociales de l'action possible et de l'objet de cette action, car deux collectifs ne peuvent jamais être identiques qu'à ces représentations près, plus particulièrement dans les situations de conflit.

La vérité de la description est beaucoup plus simple dès lors qu'on abandonne ce présupposé individualiste : elle se contente d'abord d'enregistrer qu'il existe une rhétorique de l'action propre aux foules. Les exemples d'observation sont innombrables. On pourrait certes remonter aux frénésies des bandes révolutionnaires et contre-révolutionnaires ou aux excès de mortification qui accompagnaient certains pélerinages. Mais il n'est pas besoin d'aller chercher aussi gros : depuis le folklore décoratif et les excès en tout genre des «meutes sportives»[12], qu'aucun participant vraiment isolé, peut-être, ne reprendrait à son compte, jusqu'aux violences protestataires de petits commerçants conservateurs et de boutiquiers bien rangés, nous connaissons sans relâche cette vérité. Certaines conduites «d'expression» apparaissent seulement dans certaines situations collectives. Lorsque la foule est dispersée, cette rhétorique à laquelle chacun a pu participer cesse d'être possible; ses figures deviennent des écarts exorbitants, déplacés, inadmissibles, et qui seraient éventuellement traités, s'ils se produisaient alors, comme des actes délictueux. Imagine-t-on un individu solitaire en train de mettre tranquillement le feu en plein jour à un tas de pneus disposé au beau milieu d'une avenue ?

Nous avons le choix, en somme, entre l'explication par un effet de champ qui redistribue l'acceptabilité du spectre des conduites et l'explication par une sorte de mutation psychologique qui abaisserait les limites morales. La seconde a contre elle beaucoup d'objections. Elle risque d'abord, selon un piège classique, de prendre le corrélat pour la cause : rien ne prouve que l'excitation des individus en foule et leur apparente surdité à la raison soient responsables des conduites qu'ils adoptent ; il se peut simplement que ces émotions trop visibles accompagnent la réalisation de ces conduites ou la perception de leur possibilité. D'autre part, et sauf à imaginer une sorte d'unanimisme magique, on ne voit pas comment une modification psychologique pourrait rendre compte d'une action *d'ensemble* dans laquelle d'ailleurs, à y bien regarder, les rôles des uns et des autres sont différenciés. Enfin, la fonction sociale des actions de foule, comme la ritualisation qu'elles connaissent, incitent plutôt à penser que les individus sont en l'occurrence des instruments ou des vecteurs, ce qui est exactement leur fonction aussi, on l'a vu, dans les processus de rumeurs.

Ce que fait chacun dans une foule n'est pas dû à la transformation personnelle qu'il y subirait. C'est parce que la situation de foule lui ouvre un espace rhétorique dont les figures deviennent soudain admissibles et praticables, voire requises, qu'il est conduit à commettre des écarts ou des excès (autre nom de l'écart) qu'il réprouverait autrement et qu'il regrettera éventuellement par la suite. Mais la rhétorique de la réprobation et du regret adviendra précisément dans une autre situation, commandant une autre distribution des figures recommandées et possibles.

NOTES

[1] Arendt, 1989, p. 151-152.
[2] Ghiglione, 1986, 1989.
[3] Leroi-Gourhan, 1971.

4. Un des meilleurs ouvrages sur la dynamique des foules violentes est un roman de Don Tracy, *La bête qui sommeille*, publié en 1951 dans la Série Noire (Gallimard) et réédité en 1995.
5. Flament, 1994b, p. 96.
6. Cobb, 1989 (rééd.), p. 83.
7. Variot, 1935, p. 111.
8. Cobb, *ibid.*, p. 81.
9. Chapitre 1.
10. Voir l'analyse de Moscovici, 1985.
11. Voir plus particulièrement Latour, 1994.
12. Brohm, 1993.

Chapitre 7
Les tours de mémoire

Pas de psychologie sans mémoire, certes, et de même pas de psychologie politique sans mémoire collective. L'identité et le projet sont à ce prix, et que nous ayons le plus souvent l'impression de les construire en toute indépendance, voire en toute ingénuité, n'y change rien. La continuité est ici plus frappante que la rupture et l'héritage l'emporte largement sur l'acquisition. S'il est peu probable à l'échelle des sociétés que l'histoire se répète (à condition du moins que cette expression ait un sens), il paraît évident, par contre, qu'elle se prolonge. Et s'il n'est pas certain que le passé soit toujours une malédiction, il faut quelque naïveté pour s'imaginer en permanence à l'aube de nouveautés absolues porteuses de bonheur. Mais de quoi parlons-nous au juste, puisqu'aussi bien l'oubli fait son œuvre et que chaque génération semble frappée d'une nouvelle ignorance ? Le réalisme en la matière, c'est-à-dire le pessimisme sur le souvenir des hommes, nous invite apparemment à employer une image d'érosion, voire de dissolution. L'une et l'autre, cependant, ne conviendraient pas : l'érosion est une usure, la dissolution l'effet d'un milieu. De quelle usure s'agirait-il et de quel « milieu » ? Il reste que, régulièrement, des enquêtes nous montrent que tel personnage historique, tel événement national ou mondial qui suffit en son temps à mobiliser les masses, n'évoquent plus, chez les jeunes générations, que des traces confuses. A y regarder de près, cependant, les choses ne sont pas aussi simples, on pourrait dire aussi monotones dans leur effacement, et certaines régularités motivées, mettons certains plis cognitifs, apparaissent dans les linéaments de cet oubli. C'est qu'il faut d'abord dissiper un malentendu assez commun, celui qui assimile la mémoire à la conscience et au savoir réfléchi, sur le modèle de ce que fournit l'introspection; car l'effacement dans ce registre n'implique pas une disparition symétrique à des niveaux plus profonds, ceux-là mêmes qui organisent la compréhension de l'univers social.

La mémoire balance toujours entre la préservation et la trahison, comme l'argumentation quotidienne oscille entre la raison et le sentiment, entre la pression des faits et le parti-pris sur les choses. Tout cela apparaît dès le niveau du témoignage, dès qu'il s'agit de rendre compte d'une scène *vue*, comme d'excellents travaux de détail l'ont montré[1]. Ces défaillances ou ces défauts ont peu à voir avec les limitations naturelles de nos capacités; ils marquent la plupart du temps notre position dans une société, position dont ils procèdent et qu'ils renforcent. Les schémas qui me font reconnaître «une tête d'assassin», je ne les ai pas fabriqués. La façon dont je complète une histoire quand certains de ses éléments m'échappent, je la dois aussi à une culture.

Ainsi, la mémoire collective n'est pas banalement infidèle. Par ce qu'elle censure, ce qu'elle met en exergue et ce qu'elle déplace, elle est assimilable à une rumeur et s'inscrit parmi les formes de manifestation typiques de la pensée sociale. On sait qu'Allport et Postman[2] ont mis en évidence trois phénomènes typiques et complémentaires dans l'évolution d'un récit que l'on se transmet : la réduction, c'est-à-dire la disparition de nombre d'éléments informatifs, ayant pour résultat d'aboutir à un récit simplifié, voire dans certains cas incohérent; l'accentuation, qui est la rétention sélective de certains traits dont la persistance paraît de ce fait essentielle; et enfin l'assimilation, qui traduit en somme la prise de possession du récit dans le cadre d'un système d'attitudes et de valeurs, et qui se manifeste par des ajouts, des glissements de sens ou des «erreurs» dont on peut reconnaître la motivation. Il en va de même pour le trajet que parcourt la mémoire collective. Comme dans la transmission des rumeurs, en effet, la réduction, l'accentuation et l'assimilation y jouent de telle sorte qu'elles révèlent les systèmes de représentations et de croyances des individus, et qu'elles expriment finalement le mode d'insertion du souvenir dans l'histoire actuelle. Ces mécanismes, à l'insu même de ceux qui les appliquent, servent les projets du moment, appuient les formes d'intelligibilité actuelles et contribuent à orienter ou à justifier l'action. Il n'y a aucune différence à cet égard entre les commémorations privées et les commémorations officielles, qui entendent les unes comme les autres tirer leçon utile de ce qui a eu lieu, c'est-à-dire le comprendre dans la lumière du présent[3]. Vu ainsi à rebours, le passé connaissable oscille entre deux pôles : celui de la perte de sens par suite de la disparition de tout intérêt actuel et celui de l'appropriation intéressée aux problèmes du jour. Il n'y a rien de plus politique, si l'on y réfléchit bien.

LES NEUF VISAGES DE LA FABLE

Des hommes se sont rassemblés pour chasser, frapper, tuer d'autres hommes. Toute une ville a été concernée, la force publique est intervenue, la presse locale et nationale a rendu compte, la justice s'est prononcée. Que reste-t-il donc aujourd'hui de cette histoire éminemment *politique* dans tous les sens du terme ? Voici les extraits de quelques entretiens recueillis en décembre 1992 auprès de retraités natifs d'Aigues-Mortes[4], tous de sexe masculin, dont la plupart avaient travaillé lorsqu'ils étaient actifs pour la Compagnie des Salins. On y reconnaîtra, sans qu'il soit besoin de les commenter chacun très en détail, les principaux avatars de la mémoire collective comme figures de la pensée sociale.

Entretien n° 1
Il y en a eu un, de massacre d'Italiens, je ne vous dirai pas l'année... Je ne sais pas si c'est des Italiens ou des Espagnols... Ils ont échoué je crois en quelque part, sur une plage... oui, ça je l'avais entendu dire... oui, oui, oui, ils sont venus de je ne sais pas où... oui, ça, il me semble... c'est quelque chose comme ça. Je ne vous dirai pas la vérité, je n'en sais pas plus.

Nous sommes ou presque au point zéro de la mémoire, tenaillée entre la conscience de l'oubli et le travail de la réminiscence. La ressemblance de ce discours avec la phase finale de l'évolution d'une rumeur dans une chaîne Allport-Postman est particulièrement frappante : lorsque six ou sept sujets, parfois moins, se transmettent un message de bouche à oreille, il arrive que ce message se disloque et qu'il n'en subsiste plus que des bribes. On sait plus précisément[5] que ce devenir aboutissant à l'incohérence et même à la dissolution du récit antérieur caractérise les individus peu impliqués par le thème abordé et pour ainsi dire indifférents à l'histoire. Il ne reste plus rien, alors, qu'une trace très pauvre, incertaine et absurde, qui ne donne même pas prise à l'interprétation de celui qui la porte.

Il n'en va pas de même pour l'entretien suivant, où l'inférence et la déduction interviennent largement comme opérateurs de cohérence dans la reconstruction d'une séquence événementielle.

Entretien n° 2
Je ne pourrais pas vous dire l'année, mais c'est au cours du levage du sel. Il y avait

des ouvriers aigues-mortais et on avait fait rentrer des ouvriers italiens. Il y a eu une dispute parce que les Italiens, soi-disant, lavaient leurs bottes avec l'eau que devaient boire tous les ouvriers. Alors il leur manquait de l'eau, et ça a déclenché une bagarre... une bagarre, oui, à coups de pelle. Il y a eu des morts... je crois qu'il y a eu trois ou quatre morts. Ça a fini que chacun a regagné son camp. Ils se sont arrêtés de se battre, forcément, on s'arrête toujours... Je ne sais pas où ils logeaient, les Italiens, finalement, parce que... Ils logeaient sûrement sur le terrain, dans les salins, je pense, et les Aigues-Mortais rentraient sûrement chez eux, ils habitaient Aigues-Mortes, je suppose, parce que s'ils habitaient ensemble dans le même baraquement, ils se seraient encore battus, et ils se battraient encore peut-être... C'est-à-dire qu'à l'époque ils étaient un peu incultes, c'étaient des, des, des... bon, des bourrus, très bourrus, et c'était très important l'eau, parce que le sel ça donne soif. Ils levaient le sel à la pelle, ils le chargeaient sur des wagonnets ou sur des brouettes (...) C'est très fatigant, et c'est en plein été en plus, et il faut boire... Quand on remue à la pelle, le sel peut tomber dans les bottes ou dans les chaussures et c'est dur, alors ça fait des plaies, et les Italiens s'étaient imaginés de laver leurs bottes avec l'eau qu'on avait apportée pour boire, c'était de l'eau potable, alors il manquait de l'eau et ça a fait une bagarre. Ça a duré une paire de jours.

Les exigences de la soif suffisent à expliquer ce qui s'est passé : une anecdote sans profondeur ni exemplarité, un fait divers. Le scénario, dans la matérialité de ce qu'il rapporte, ne recouvre rien. Pas de tenant ni d'aboutissant social ou politique, pas de responsabilité du côté des institutions et pas de conclusion, pour hier comme pour aujourd'hui. L'histoire est devenue un conte du temps jadis, dont les détails signent la désuétude, mais aucune morale n'en est tirée.

Lorsque, par contre, l'affrontement est interprété sur le modèle thématique de la prise du pouvoir, les autres significations et même le contexte propre de l'événement disparaissent au profit d'un schéma sans âge qui nous conduit, l'espace de quelques pas, sur le chemin du mythe :

Entretien n° 3
Ça me dit quelque chose. Les Italiens voulaient se faire les patrons d'ici, d'Aigues-Mortes... J'ai entendu dire quelque chose à ça. Ils étaient nombreux et ils ont voulu avoir le dessus sur les Aigues-Mortais, oui, ça c'est vrai, je l'ai entendu dire, oui, oui, ça c'est vrai. Il y a déjà longtemps... Ce qui s'est passé, je peux pas vous le dire, je sais qu'il y a eu des histoires entre les Italiens et... euh... toute la population d'Aigues-Mortes. J'étais pas encore ici, j'étais du côté de Marseille encore, je suis d'ici mais y a pas trop longtemps, depuis 58 à peine, alors ça s'est passé beaucoup, beaucoup avant... Ça s'est fini sûrement, ils ont pas dû avoir le dessus, sinon on aurait un maire, on aurait tout ici, à Aigues-Mortes, d'italien, non, ça a dû s'aplatir.

A l'inverse de cette interprétation universaliste et pour ainsi dire morale qui ne parle finalement que de l'essence du pouvoir sans en préciser les modes, la causalité économique circonstancielle est plusieurs fois évoquée, tantôt de façon allusive, tantôt de manière plus détaillée. Mais il s'agit toujours, en définitive, d'un enchaînement simple, et qui d'ailleurs n'a rien perdu aujourd'hui de sa prégnance, dans lequel la rareté du travail entraîne mécaniquement le rejet de la main-d'œuvre étrangère[6]. Cette rareté peut être attribuée à des origines diverses (ci-dessous la mévente du vin, par exemple, mais ailleurs une sorte de caractéristique générale de l'époque, un mauvais air du temps). Le rejet xénophobe lui-même, en tant que mixte de sentiments et de conduites, fait l'objet d'une analyse psychologique plus ou moins fine selon les récits, à la manière de ce que l'on relève dans les chroniques du temps. Si la responsabilité des acteurs n'est pas niée, elle doit être comprise en fonction de la situation. Autant dire que l'on parle tantôt d'attitudes déplorables et tantôt d'effets inévitables, dans une oscillation entre le point de vue éthique et le point de vue causal. Il existe donc des variantes entre les narrateurs, les uns accordant plus de poids que les autres à des « circonstances atténuantes ». Toutefois, ces fluctuations sont contingentes, car elles ne remettent pas en cause la compréhension globale de l'événement : c'est le fait que la concurrence sur le marché du travail, dans une situation par ailleurs précaire, ait été catégorisée en termes de différences nationales qui s'est trouvé à l'origine des troubles. Ainsi, la *forme* matricielle de l'explication peut demeurer, même si le contenu qui l'instancie en change (et l'on voit bien concrètement sur l'exemple qui suit à quel point il faut se méfier des évidences du contenu, pris au pied de la lettre, dans l'analyse des processus de la pensée sociale).

Entretien n° 4
Oui, c'est avant la... je crois que c'est avant la guerre de 14 ou de suite après, oui... Il y a eu une bagarre, oui, et puis il y a eu un ou deux Italiens quand même qu'ont été tués. Voilà, ça a existé, et même je m'en souviens, c'était au moment où le vin se vendait pas. Les Italiens étaient venus et il y a eu pas mal de secousses, comme il y en a en ce moment où malheureusement il y en a pour autre chose, quoi... Et puis ils ont été adoptés, les Italiens, mais enfin il y a eu quand même assez de remue-ménage à ce moment-là. Je crois que justement, je vous le garantirais pas, le vin ne se vendant pas, il y avait du chômage si on peut dire, et les Italiens, en venant, ça faisait un apport de main-d'œuvre, et c'est pour ça qu'il y a eu la bousculade, exactement comme ça se passe maintenant avec les Maghrébins. (...) Et maintenant, je vous le garantirais pas à cent pour cent, mais je crois me rappeler que mon père et ma tante me l'avaient dit, ça enlevait du travail aux gens du pays... Parce que, je me souviens, à ce moment-là, on employait quelqu'un du matin jusqu'à midi, puis celui-là partait et c'était un autre qui venait de deux heures jusqu'à six heures pour faire le travail des champs et pour pouvoir... La main d'œuvre, on l'avait, justement, au contraire, mais pour que tout le monde puisse manger, vous comprenez ? (...) Alors on les prenait du matin à midi, et puis ceux-là s'en allaient, et alors ça faisait au lieu de douze personnes qui mangeaient, il y en avait vingt-quatre. Et je crois que la chose des Italiens venait d'après cette situation.

Cependant, une autre façon très commune d'accommoder l'histoire est d'en couper les racines causales pour la restituer dans une survenue sans antécédents et sans horizon qui en fait à peine plus qu'un orage mémorable : la certitude très matérielle, on va le voir, que quelque chose a eu lieu s'accompagne de l'incertitude ou de l'insouciance des causes. A peine mieux documenté que le premier, moins spécifique dans ses attributions que le deuxième, ce cinquième entretien est aussi une répudiation de la pertinence pour le temps présent.

Entretien n° 5
Pour vous dire la date, c'est un peu difficile... Il s'est passé que c'étaient des Italiens et des Ardéchois qu'étaient venus aux Salins faire le levage, qu'on appelait, le levé du sel qui se levait avant avec la pelle. Alors ils habitaient là-bas dans les mas et ils s'étaient battus pour une raison ou pour une autre, ils s'étaient battus... Pourquoi, je n'en sais rien, ils s'étaient pas entendus entre eux, est-ce que c'est pour une raison de prix, de machin comme ça...? C'étaient des Italiens et des Ardéchois, des Français quoi, et des Italiens. C'est assez loin, hein, j'en ai entendu parler comme ça par les anciens, on n'était pas nés, nous, encore eux ne le connaissaient pas, par eux qui l'avaient entendu dire (...) Ça s'est fini qu'il y avait eu des morts, qu'ils les avaient enterrés là-bas, et que, même, nous on avait trouvé des os en y travaillant, là-bas, des os, en faisant des travaux, tout ça... ils en avaient enterré là-bas, je vous dis, oui, oui, y a eu des morts...

Le sixième entretien est de loin le plus riche en détails : date, nombres, lieux, circonstances y apparaissent à foison. Cette précision apparente ne va pas toutefois sans défaillances par rapport à la matérialité des faits telle que l'historien peut la reconstituer à partir des archives. Or, ce que l'on retrouve ainsi, justement, c'est le jeu même de l'histoire en tant que parole de cohérence, discursivité nourrie à des sources qui sans elle ne feraient pas sens (les «données brutes»), et qui fonde simultanément sa légitimité dans la référence à ces sources mêmes. Si l'on ne peut citer de «faits», à quoi bon raconter? Autant imaginer, et la chose sera entendue. Mais si les faits ne conduisent pas à une conclusion utile, connue d'avance donc en tant que visée rhétorique, à quoi bon raconter encore? Que l'histoire soit *dicible* est précisément ce qui constitue son paradoxe : le rapport qu'elle entend ou prétend établir signale dans son projet même qu'il ne s'agit pas malgré tout de choses mortes, et il ne se dissocie pas des rapports vivants, dans l'autre sens du terme, tissés entre les hommes et entre les situations[7].

Entretien n° 6
Ça s'est passé en 1893, au mois d'août, pendant le ramassage du sel. Il y avait cinq cents Italiens qui travaillaient aux salins de Peccais, et il y avait des rivalités entre Italiens et Aigues-Mortais... dualités de travail... Les Aigues-Mortais ont reproché aux Italiens de laver leurs bas d'herbage avec de l'eau potable, en somme de gaspiller de l'eau potable, et c'est ce qui a enflammé la poudre. Alors ça a commencé à dégénérer, et les Italiens ont frappé les Aigues-Mortais, les gens qui travaillaient au ramassage du sel, les ouvriers. Eux, étant donné que les trois-quarts étaient chasseurs[8], ils sont retournés à la ville, ici à Aigues-Mortes, ils ont pris leurs fusils, et ils ont tiré sur les Italiens. Il y a eu des morts, on présume qu'il y a eu une vingtaine de morts, mais le nombre n'a pas été officiellement... euh... hein, voilà, quoi... Ça s'est terminé, il y a eu

un procès, qui a été un peu avorté parce qu'à l'époque ça n'était pas comme aujourd'hui. Et on a su, bien plus tard, que le ministre de Mussolini, un nommé Farinacci, avait toujours dit : « Je me souviendrai du massacre des Italiens de la ville d'Aigues-Mortes. » On avait peur que Mussolini fasse bombarder la ville d'Aigues-Mortes[9]. Voilà, l'histoire est bien plus longue que ça... Le procès a eu lieu à Nîmes (...) Les Aigues-Mortais n'eu presque gain de cause, parce qu'à cette époque-là... aujourd'hui on en ferait une affaire d'état, mais à l'époque c'est, comment dire, c'était plus souple. Et en plus, comme les trois-quarts étaient des Italiens, des étrangers qui travaillaient aux salins de Peccais, des gars, pas tous des repris de justice, mais presque, qui venaient presque se réfugier aux salins, voyez, c'était en somme du petit monde sans importance, malheureusement... Il y a eu des morts et puis ça avait fait un grand scandale à l'époque, ça faisait la une des journaux, on avait été obligé de faire venir la police de Nîmes, etc., etc., pour protéger les Italiens, parce que toute la population s'était remontée contre eux : « A mort les Italiens ! A mort les Italiens ! » (...) Mais l'histoire est bien plus longue que ça. Voilà le résumé du résumé de la bagarre des Italiens. Il y avait des rivalités de boulot, le racisme ne date pas d'aujourd'hui. Entre Italiens et Aigues-Mortais, rivalité de travail ou rivalité de... de... les Italiens reprochaient aussi aux Aigues-Mortais de ne pas remplir leur brouette de sel, que c'étaient des fainéants, et tout ça ça a fait, ça a fait que petit à petit, petit à petit, ça arrivait, ça arrivait, et ça a dégénéré.

On reconnaîtra dans l'entretien suivant, avec l'anecdote du tonneau servant de cachette, un exemple de la surspécification classique dans les phénomènes de rumeurs[10] : un relais transmetteur ajoute ou met en exergue un détail qui ne touche aucunement l'essence du récit, mais rend celui-ci plus convaincant ou plus frappant en le tirant par exemple, comme ici, vers le spectacle. Ce mécanisme alimente ou cristallise un grand nombre de légendes urbaines[11] qui incluent pour la plupart, quand elles ne s'y réduisent pas, des scènes visualisables. Par ailleurs, sur un mode que l'on a déjà rencontré, la préoccupation de la causalité de l'événement se trouve rapidement répudiée : « ils s'étaient battus *pour une raison ou pour une autre* », dit l'entretien n° 5 ; « il y a des gens d'Aigues-Mortes qui étaient sans travail *ou n'importe* », dit celui-ci.

Entretien n° 7
C'est-à-dire que ce sont des gens qui se sont insurgés, des Aigues-Mortais qui se sont insurgés contre les Italiens. Et il y a eu des morts, il y a eu des morts... Même que paraît-il qu'il y en avait deux ou trois qui se sont, qui se sont, comment dirais-je, qui se sont échappés en se cachant dans un tonneau, dans un tonneau où vous mettez du vin, voyez, pour conserver le vin... Alors ils se sont échappés, ils se sont cachés dans des tonneaux. Voilà... Je sais pas, ça je peux pas vous dire exactement pourquoi ils se sont insurgés, je sais pas si c'était comme, comment dirais-je, comme maintenant certains font contre les Arabes ou les Maghrébins ou n'importe, voyez... C'est-à-dire que les Italiens de ce temps-là, ils prenaient presque tout le travail, vous comprenez ? Alors il y a des gens d'Aigues-Mortes qui étaient sans travail ou n'importe, et ils se sont insurgés contre ces Italiens... Ça, la date, je peux pas vous la dire.

Si, dans le jeu du souvenir de l'histoire, la visée pragmatique l'emporte sur la fidélité, et si cette visée est socialement motivée, il nous manque encore un cas : celui de la disculpation finale des Aigues-Mortais. Le voici, sous une forme particulièrement insistante et soigneuse : les Aigues-Mortais n'étaient pas à l'origine de l'affaire, c'est un Ardéchois qui a déclenché la bagarre, les Aigues-Mortais n'y ont participé que par réflexe national, les victimes italiennes n'ont pas été assassinées, elles se sont noyées en fuyant, certains habitants ont caché des Italiens pour les protéger. Cette leçon d'histoire révisée (mais en est-il d'autres lorsque la chose nous concerne ?) illustre parfaitement l'emprise de l'appartenance sur la mise en récit de la tradition, et on la retrouvera plus loin dans les réponses au questionnaire.

Entretien n° 8

C'est vieux, c'est une longue histoire. Je peux vous dire que ça se prend pas aux Aigues-Mortais. L'affaire, quand elle a débuté, c'était pas les Aigues-Mortais qui étaient mis en cause... Il s'est passé que ces Italiens, à l'époque, ça restait sur les chantiers, lavaient leurs chaussettes, leur linge au pot d'eau potable, et y a un Ardéchois qui a fait la réflexion (il y avait une équipe d'Ardèche), et la bagarre est partie de là. Et les Aigues-Mortais s'y sont mis parce que les Italiens ont planté un drapeau italien sur le tas de sel. (...) Ça s'est fini avec des morts, des Italiens qui se sont noyés dans l'étang, en traversant l'étang, ils se sont enlisés... Il y a des Aigues-Mortais qui en ont caché aussi. L'armée est venue, ça a été une histoire internationale... Même Mussolini en avait parlé dans un de ses discours pendant la guerre... On n'a jamais pu savoir combien sont tombés, noyés dans les étangs, dans la panique... Ça a été une affaire d'Etat. Ça a fini comme ça.

Voici pour terminer, intégralement retranscrit, un autre exemple de «message de bout de chaîne» tout à fait semblable à ceux que l'on obtient lorsqu'on utilise une technique Allport-Postman et que les sujets transmetteurs se sentent peu concernés. Le récit est suspendu, les événements ne font plus corps et seules quelques bribes dérivent au fil, d'ailleurs très court, de la parole.

Entretien n° 9

Oui, j'en ai entendu parler, c'était aux Salins du Midi. Il me semble qu'il y a eu des morts. C'étaient des travailleurs italiens qui venaient aux Salins du Midi et ils prenaient le travail, je crois, de... je crois que c'est ça.

Pour certains, donc, l'histoire se perd dans un passé indéterminé qui autorise toutes les confusions : qu'elle ait eu lieu n'a finalement plus d'importance, comme si le changement d'époque était une mutation nous éloignant à jamais d'une conjoncture révolue ou, ce qui revient au même, comme si le changement d'époque n'y pouvait rien. Pour d'autres, l'histoire est comprise analogiquement à la lumière du présent, c'est-à-dire qu'elle se trouve absorbée comme cas d'espèce par le biais d'une grille de lecture dominante qui s'applique indifféremment à la rétrospective et à l'actualité : les effets du chômage et la rareté du travail, le «racisme», qui «ne date pas d'aujourd'hui» comme le rappelle l'entretien n° 6, l'analogie explicite avec la situation des Maghrébins immigrés qui apparaît dans les entretiens n° 4 et n° 8, etc. Très différente, la grille de lecture contemporaine des événements, telle qu'on peut la saisir à travers les procès-verbaux, les déclarations et les articles de journaux, mettait en avant quatre aspects qu'on a étudiés précédemment : la délinquance habituelle des meneurs, pour la plupart repris de justice (le même entretien n° 6 en conserve d'ailleurs la trace), le caractère national, que l'époque valorisait tant au point d'en faire une donnée de nature, le patriotisme, qui appelait alors une vigilance sans défaut, et le soleil du Midi.

Sélective, nécessairement positionnée et ancrée, toujours datée, toute compréhension «interne» d'un phénomène social est aussi une incompréhension, comme si la vérité d'une position et d'un moment excluait les vérités qui procèdent d'autres références. Telle est la caractéristique opérationnellement la plus sûre de l'idéologie : qu'elle ne puisse pratiquer l'adhésion sans refus ni la vision sans scotome. Ce qu'elle dit *s'impose*, dans le double sens où ses vecteurs n'ont pas conscience de l'arbitraire relatif de leur perspective et où celle-ci annule de fait les autres dispositions.

LES PIVOTS, LES NOYAUX

Quelques semaines après les entretiens, on a interrogé sur place 60 habitants d'Aigues-Mortes répartis par tranche d'âge en trois groupes de 20 (moins de 40 ans, de 40 à 60 ans, plus de 60 ans). Ce choix était destiné à opérationnaliser facilement la notion de distance par rapport à l'événement, et donc sans doute le nombre de relais de transmission : ce que l'on tient directement de son grand-père quand il a vécu lui-même les événements, ce que l'on tient de son père qui le tenait lui-même de son grand-père, etc. Toutes les personnes interrogées étaient originaires d'Aigues-Mortes ou y résidaient depuis leur enfance.

La procédure du questionnaire présente cet avantage de contraindre ceux qui y répondent à une prise de décision, en leur barrant les échappatoires de l'entretien ou de la conversation. Ce n'est pas toujours une qualité, mais c'est en l'occurrence le moyen de fixer précisément un état de connaissance.

S'agissant de l'incertitude du souvenir, qui fournit un thème récurrent à bien des méditations, et s'agissant surtout de l'insertion d'un événement qu'on peut juger important dans un ensemble politique et juridique étroitement semblable à celui qui est encore en vigueur aujourd'hui, il est tout à fait remarquable qu'en réponse à la question : *« Selon vous, cette affaire s'est-elle soldée par un procès »?*, les soixante personnes interrogées se répartissent presque exactement par moitiés (29 Oui et 31 Non, sans aucune différence selon l'âge). On ne relève pour ce trait ni conservation du souvenir, dont témoignerait une majorité de oui, ni refoulement, que traduirait une majorité de non. Autrement dit, au sens de la théorie de l'information, il n'existe plus *aucune information* à ce propos dans la mémoire collective. Il est bien entendu possible qu'un facteur non repéré puisse rendre compte de la répartition presque égale des réponses.

Mais un autre élément encore mérite attention en ce qu'il rend particulièrement manifeste l'emprise de l'appartenance sur un acte de dénomination. On sait bien que pour la pensée sociale, la désignation d'une pratique, d'un thème ou d'un événement n'est ni arbitraire ni innocente : elle a valeur constitutive de son objet, qu'elle fige ainsi dans une acception motivée. Il paraît donc intéressant de se demander ce qu'il en est aujourd'hui dans le cas qui nous occupe. Les individus de l'échantillon devaient choisir parmi les six expressions suivantes, provenant toutes de titres d'articles ou de chapitres d'ouvrages consacrés à l'affaire, *« celle qui (leur) semble le mieux correspondre aux faits dont il est question »* :

LA BAGARRE DES ITALIENS
LE MASSACRE DES ITALIENS
L'AFFAIRE DES ITALIENS
L'EVENEMENT D'AIGUES-MORTES
LA TUERIE D'AIGUES-MORTES
L'AFFAIRE D'AIGUES-MORTES

Or, 53 personnes sur 60 retiennent l'un des trois intitulés mentionnant les Italiens[12], évitant ainsi de faire une imputation directe de l'histoire à la ville qui lui a servi de cadre et dont ils sont citoyens. On retrouve collectivement ce qu'exprime, avant de le développer, le tout début de l'entretien n° 8 : *« Je peux vous dire que ça se prend pas aux Aigues-Mortais »*, ou ce qu'implique l'entretien n° 5 qui ne met en cause que des Ardéchois étrangers à la ville. Il n'y a à nouveau aucune différence entre les trois groupes d'âge.

Il existe par contre des différences entre ces derniers dans la caractérisation de l'événement telle qu'un questionnaire permet de l'appréhender. On présentait à toutes les personnes de l'échantillon douze items extraits des entretiens préalables selon un simple critère de récurrence (après avoir écarté les remarques non spécifiques comme *« c'est une longue histoire »*).

Ces douze items, rangés dans un ordre au hasard, étaient les suivants :
1. *L'eau, c'était très important.*
2. *Un ministre de Mussolini a menacé la ville d'Aigues-Mortes pendant la Seconde Guerre Mondiale.*
3. *Il y a eu une bagarre aux Salins de Peccais.*
4. *C'était une période difficile, il y avait du chômage.*
5. *Les Aigues-Mortais criaient «A mort les Italiens».*
6. *Ça s'est passé il y a longtemps.*
7. *Les Italiens gaspillaient l'eau potable.*
8. *L'armée est intervenue pour protéger les Italiens.*
9. *Les Italiens ont planté leur drapeau.*
10. *Il y avait des Ardéchois.*
11. *Certains Italiens se sont noyés dans les étangs en s'enfuyant.*
12. *Il y a eu des morts.*

Les individus interrogés étaient invités à choisir dans cette liste, présentée par écrit, les quatre phrases qui leur semblaient résumer au mieux ce qui s'était passé. Cette simple tâche de sélection suffit à mettre en évidence des régularités intéressantes. En effet, si l'on considère dans chaque groupe d'âge les quatre items le plus souvent choisis, on constate que trois sont communs à tous, à savoir : «Il y a eu une bagarre aux Salins»; «Il y a eu des morts»; «Certains Italiens se sont noyés dans les étangs en s'enfuyant». Tel est le contenu de la mémoire partagée, qui ne retient pas, on le constate sans surprise, les éléments les plus informatifs. Il est remarquable cependant d'y voir figurer l'affirmation, que rien n'atteste vraiment à l'époque des faits et que l'enquête n'a pas retenue, de la noyade accidentelle de certains Italiens en fuite. Cette conviction bien ancrée, on l'a vu[13], s'exprime par une rumeur persistante qui est devenue vérité.

Mais le plus significatif est que l'un des quatre items les plus choisis soit spécifique à chaque groupe :

– pour les moins de 40 ans : «Les Aigues-Mortais criaient *A mort les Italiens*»

– pour les 40 à 60 ans : «C'était une période difficile, il y avait du chômage»

– pour les plus de 60 ans : «Ça s'est passé il y a longtemps.»

L'adjonction de cet élément spécifique au trois éléments communs donne bien entendu à chaque «mémoire» une courbure particulière. Selon ce qui se trouve adjoint, en effet, le résultat de l'assemblage n'a pas exactement le même sens et n'ouvre pas sur les mêmes inductions. Qu'on en juge :

version 1 : « Il y a eu une bagarre aux Salins. Les Aigues-Mortais criaient *A mort les Italiens* et certains Italiens se sont noyés dans les étangs en s'enfuyant. »

version 2 : « C'était une période difficile, il y avait du chômage. Il y a eu une bagarre aux Salins et certains Italiens se sont noyés dans les étangs en s'enfuyant. »

version 3 : « Il y a eu une bagarre aux Salins et certains Italiens se sont noyés dans les étangs en s'enfuyant. Ça s'est passé il y a longtemps. »

On a bien trois récits, dont les deux premiers mettent en œuvre des imputations causales différentes, alors que le troisième, dans sa neutralité, renvoie l'affaire, sans plus d'explication, aux sédiments de l'ancien temps. A positions différentes, dont l'âge n'est certes qu'un indicateur, compréhensions différentes, comme il en va dans les conflits, les négociations, les propagandes, les crises et toutes les transactions symboliques. Il n'est pas certain que l'on puisse attribuer aux plus jeunes, parce qu'ils l'auraient reçue de l'éducation ambiante, une plus grande sensibilité au thème du racisme, aux personnes d'âge intermédiaire, toutes actives, un plus grand souci de l'emploi, et aux plus âgées une distanciation qui invite presque à l'oubli à moins qu'elle n'en soit la sanction. Mais cette interprétation n'est peut-être pas dépourvue de signification puisque nous pouvons en tout cas nous y *reconnaître* parmi nos contemporains. Il est probable que les « noyaux » respectifs de ces trois mémoires, ceux qui marquent la spécificité et la cohérence de chacune jusque dans sa pauvreté relative, soient ainsi à rechercher, non pas dans un trait événementiel plus ou moins frappant, mais dans une notion plus abstraite comme le racisme (version 1) ou l'emploi (version 2) et peut-être la « modernité » ou l'« identité » (version 3), c'est-à-dire, indirectement, la référence à « ce qui ne peut plus avoir lieu » ou à « ce que nous ne ferions plus aujourd'hui ».

L'appropriation de l'histoire n'a rien à faire avec l'archivage scrupuleux de procès-verbaux. C'est l'appropriation de ce qui, en elle, est localement compréhensible d'une certaine façon à un moment donné et se trouve par suite acceptable selon un canevas spécifique de croyances et de représentations liées à l'identité sociale. Sauf à tenir ces facteurs pour de simples sources de perturbations (on ne rencontrerait alors jamais que des perturbations, ce qui est gênant), il faut bien les établir pour ce qu'ils sont, c'est-à-dire des déterminismes spécifiques majeurs pour l'existence politique du sujet.

NOTES

[1] *Cf.* Bertone *et al.*, 1995.
[2] Allport et Postman, 1945.
[3] Voir Namer, 1987.
[4] Ces données ont été recueillies par Magali Rofidal dans le cadre d'un mémoire de D.E.A. (Université de Montpellier III, 1993). L'enquêtrice se présentait comme une historienne travaillant sur la chronique locale.
[5] *Cf.* Rouquette, 1975.
[6] P. Milza (1979) a critiqué le caractère exagérément schématique de cette explication dans le cas de l'affaire d'Aigues-Mortes.
[7] *Cf.* Rancière, 1992.
[8] Remarque d'Alexandre Dumas (*op. cit.*, p. 25), plus d'un demi-siècle avant l'affaire des Italiens : «Tous les Aigues-Mortains, affranchis par saint Louis, ont conservé le droit de chasse et de pêche, et chacun a dans sa maison ou dans sa cabane son filet et sa canardière.»
[9] L'anecdote sur Farinacci est mentionnée en ces termes, manifestement empruntés, dans le document manuscrit dont on a fait état au début du chapitre 4 et qui est reproduit en annexe : «Longtemps après ces émeutes, les Italiens n'osaient s'installer à Aigues-Mortes. Puis l'oubli se chargea de légendes et la rancœur fit place à la coopération amicale. Pourtant, lors de la guerre 1939-45, Farinacci, ministre italien de Mussolini, menaça Aigues-Mortes de représailles en souvenir de ce qu'il qualifiait de lâche attentat, confirmant en cela la fable de la paille et de la poutre dans l'œil.»
[10] *Cf.* Rouquette, 1975.
[11] Campion-Vincent et Renard, 1992.
[12] Le titre «L'affaire des Italiens» est choisi 20 fois, «La bagarre des Italiens», 18, et «Le massacre des Italiens», 15.
[13] Chapitre 4.

Chapitre 8
La construction
des mondes politiques

Le développement de toute activité porte à des choix, petits ou grands. La confection d'outils, la chasse, la cueillette, l'agriculture s'en trouvent déjà orientées. Il faut supputer le bon gisement, la bonne bête, la bonne manœuvre, la bonne saison, la bonne terre. Il faut savoir s'y prendre, contourner les obstacles, déjouer les pièges, se parer contre l'adversité. Les autres hommes, qui sont forcément là, jugent les décisions prises et y applaudissent ou les critiquent, s'y soumettent ou les contestent ; ils en subiront en tout cas les effets. De près ou de loin, la décision la plus simple a des conséquences sociales et la manière dont on la prend dépend des retombées qu'on lui suppose. On en vient naturellement à la nécessité d'organiser le groupe, de lui donner des cadres, des règles, des habitudes afin de le rendre prévisible et durable. D'être ainsi relayée, assurée autant qu'il se peut du contrôle de ses conséquences, et par le cumul aussi que cette organisation lui permet, la pensée progresse. Les choix à venir sont éclairés par les erreurs anciennes. Des principes, des raisons, des savoirs se dégagent, qui permettent de mieux en mieux de préparer l'action et d'en assurer le succès. Tout cela représente le point de vue de l'ingénieur, celui qui fonde l'alliance de la connaissance et du pouvoir, de l'expérience et de la décision, en leur donnant une justification réciproque : c'est au sage de décider puisqu'il possède la sagesse que le pouvoir requiert. Le sage est de toute façon celui qui sait, à force d'études ou d'habitudes. L'ignorance, comme le mal selon Saint Augustin (« une privation d'être », l'absence du bien), n'a pas de pouvoir propre.

Entre science et sagesse, ou plutôt recouvrant les deux, la « sapience » est un terme qui a le mérite de nous rappeler notre espèce et qui conviendrait mieux, sans doute, à cette idée. Mais cela ne change rien, au fond, si cela revient à dire que toute décision est une connaissance en acte qui plonge loin ses racines dans le passé. Le point de vue de l'ingénieur est juste jusqu'à ce point. Il cesse de l'être à partir du moment où il feint de croire qu'il existe une seule forme convenable de sapience dont il prend le modèle dans ses calculs. La connaissance sociale, précisément, n'en a ni la stabilité ni la simplicité. Sa morale n'est pas celle de la preuve. Son moteur n'est pas la recherche du progrès. Elle est un produit de la sociabilité qu'elle reproduit à son tour. Et c'est dans ce double mouvement que commence la politique, bien en amont de la seule gestion de la Cité.

L'ARMATURE

Est politique toute position que l'on prend dans un univers indéterminé de possibles de référence. Le choix que l'on dira politique consiste précisément à déterminer cet univers en y opérant une partition normative plus ou moins fine. Ainsi apparaissent, pour l'usage qu'on en fera, le bon et le mauvais, l'utile et le futile, le prioritaire et le secondaire, le légitime et l'illégitime, d'où découlent par exemple des hiérarchies de critères et des choix de conduite, mais aussi des jugements et des opinions relayés par la communication.

Toutefois, cette description classique, trop abstraite sans doute, est simplificatrice dans un double sens : d'une part, lorsqu'on l'applique à une seule conjoncture, elle ne rend pas compte de la continuité des engagements au travers d'un échantillon multivarié de situations ; d'autre part, elle mêle en fait plusieurs aspects en ne distinguant pas les processus individuels des régulations collectives. Or, on n'a jamais de politique tout seul et on ne suit jamais n'importe quelle politique, techniquement définie, au regard de l'ensemble des partitions possibles. Ces deux traits se conditionnent d'ailleurs mutuellement dans la mesure où le rapport aux autres pèse constamment sur l'évaluation de ces partitions, qu'elles soient potentielles ou réelles. Une telle évaluation ne change pas d'instant en instant parce qu'elle ne va pas plus vite que l'histoire. Disons qu'elle a le même rythme que les structures sociales, et que les élaborations cognitives qui les accompagnent. Il se peut même qu'à certains égards, et pour peu qu'on utilise la bonne focale, elle ait un rythme encore plus lent, celui des cultures. Il s'ensuit qu'au lieu de considérer un seul cas et un seul homme, une seule situation et un seul moment, comme s'il était possible d'en saisir le sens indépendamment de toute genèse, on doit rechercher dans l'analyse des mondes politiques la continuité, l'interaction et la dépendance.

S'agissant de continuité ou à plus forte raison de cohérence, et quelle que soit l'exigence de rigueur imposée par ce terme plus commode que clair, l'observation peut sembler de prime abord décourageante. En synchronie comme en diachronie, les conduites politiques d'un même individu ou d'un même groupe paraissent souvent paradoxales, contradictoires, labiles ou, dans le meilleur des cas, simplement opportunistes. On dirait parfois de systèmes sans mémoire et mus par une téléologie très simple. Mais le tableau n'est guère différent lorsqu'on met en avant une argumentation présumée régulatrice. Du principe à son application, puis de la conduite à la revendication renouvelée du principe qui ne l'a manifestement pas inspirée, des solutions de continuité suggèrent l'existence de plans irréductibles et montrent en tout cas des ruptures de logique qu'il semble malaisé de raccommoder. Le discours, notamment, ne paraît pas en phase avec les actes, et les recommandations publiques sont souvent sans rapport avec les pratiques privées. Tout cela est tellement connu qu'il n'est guère besoin d'y insister. Mais qu'une chose soit connue ne signifie pas qu'elle soit expliquée.

Face à ce paysage accidenté, trois attitudes scientifiques sont possibles. On peut d'abord considérer que le chaos qui s'offre au regard résulte d'un délaissement de la raison et qu'il n'y a pas d'autre ordre dans l'empire de la passion que celui des variations indéfinies du désir. On peut au contraire invoquer l'action de motivations permanentes, comme l'intérêt personnel cher aux économistes classiques, dont l'application à la diversité des circonstances ne se démentirait jamais[1]. Mais on peut aussi se demander, à partir de postulats radicalement différents, de quelles *constructions* particulières d'ordre socio-cognitif cet apparent chaos est le résultat.

La deuxième conception a évidemment contre elle de se référer, implicitement ou non, à une sorte de «contenu» invariant de la nature humaine, supposition qui semble pour le moins exorbitante dans l'état actuel de nos connaissances anthropologiques et que l'histoire, comme les contacts entre civilisations, se chargent d'ailleurs de disloquer. Nous appelons trop souvent nature, en ce domaine, ce qui n'est que la projection de nos modes et la réassurance de notre bon droit. On se gardera donc d'y ajouter encore. Quant à la première conception, elle balance entre la revendication subversive et l'obsession pédagogique, autrement dit entre la morale du libre arbitre et celle de la soumission à l'intérêt collectif : d'un côté l'affirmation que la fantaisie est un droit, de l'autre la conviction que le développement de la raison est un devoir. Ces prises de position se discutent parce qu'elles sont elles-mêmes politiques et qu'elles se situent ainsi au niveau même des produits qu'il s'agit précisément d'expliquer. Elles ne nous apprennent rien sur les processus, c'est-à-dire sur la genèse et la dynamique des choix qui ouvrent certaines pratiques à un moment donné et en referment d'autres. Or ce mouvement (d'émergence, d'absorption, de résurgence, de transgression, de divergence) a sans doute ses règles et ses raisons puisque les individus et les groupes s'y *reconnaissent* toujours, à la fois comme quelqu'un «s'y reconnaît» dans son désordre et comme quelqu'un se reconnaît dans le miroir que lui tend un semblable. Immédiatement ou plus tard, les choix comme les événements font toujours sens par rapport à ce qui les précède et à ce qui les suit. L'atteinte de ce niveau de continuité et de cohérence (ou, si l'on préfère, de dépendance) suppose que l'on décape l'observation immédiate pour la débarrasser de ce qui la rend particulière et l'empêche ainsi de figurer comme élément d'une classe ou comme moment d'un processus.

Un parallèle intéressant à ce point de vue est fourni par l'histoire des sciences. Il existe une conception très courante selon laquelle le succès scientifique serait déterminé par la conjugaison du talent et de la chance, le premier permettant d'exploiter comme il convient les aubaines fournies par la seconde. C'est ainsi que le vulgarisateur F. Lot avait intitulé un de ses livres sur les découvertes de la physique «*Les jeux du hasard et du génie*»[2]. Depuis Merton et Kuhn, essentiellement, les travaux de sociologie de la science ont montré que ces aspects étaient la plupart du temps contingents et que les données institutionnelles jouaient au contraire un rôle primordial dans l'élaboration et la diffusion du savoir. La science «normale» n'est ni erratique ni suprêmement inspirée par rapport aux formations sociales qui en assurent la possibilité. Son mouvement dépend des relations entre les hommes et du contrôle qu'exercent les organisations. Les crédits n'y pèsent pas pour rien, mais aussi les cursus, les réseaux de communication, les crises sociales et les stratégies de pouvoir[3]. Ce résultat peut être lu de plusieurs façons, notamment au plan épistémologique, et l'on sait qu'il entraîne des controverses à propos par exemple de l'interprétation du «programme fort», réductionniste et conventionnaliste[4]. Mais il montre de toute façon deux choses : l'insertion déterminante de l'individu dans des systèmes de régulation du travail, allant de la conception à la publication, de la «créativité»[5] à la diffusion reconnue, de la conformité à la déviance, et d'autre part, de ce fait même, la continuité au moins relative de la pensée scientifique dans ses règles socio-cognitives, au-delà des accidents de surface que peuvent apparemment provoquer le «hasard» et le «génie». Pareillement, la pensée politique quotidienne doit aussi peu à la fantaisie et au désir qu'à la mise en œuvre de principes philosophiques intemporels qui seraient transcendants à l'histoire.

DE QUOI LES CONSTRUCTIONS SONT FAITES

Lorsque nous considérons avec attention la pensée politique d'un groupe, nous ne rencontrons pas un amas d'attitudes et de thèmes ni une suite hasardeuse d'opinions émises à propos de toute sorte d'objets. Nous faisons au contraire, même si l'intuition n'en est pas toujours immédiate, l'expérience d'une organisation. Rendre compte de cette organisation, être capable de la reconstituer dans ses principes et dans son fonctionnement sont des tâches que doit s'assigner la recherche cognitive en ce domaine.

Arriver à savoir comment les choses sont faites n'est jamais gagné par l'observation immédiate. Il y faut toujours un dispositif de modélisation et une pratique d'analyse. Le premier guide le regard, la seconde permet de trier parmi les hypothèses. Le reste est affaire d'économie — ou d'esthétique.

On peut étudier une construction à partir de sa déconstruction[6], tout comme le démontage d'une machine inconnue en révèle l'agencement des pièces et permet d'en établir la fonction. Rien n'est plus démonstratif sans doute que les déconstructions «naturelles», celles que l'on peut suivre dans les faits et qui l'emportent pour cette raison sur les déconstructions spéculatives tentées en cabinet. A cet égard, aussi bien pour des raisons techniques d'accessibilité que pour des raisons conceptuelles de significativité, deux séries de phénomènes semblent devoir être privilégiées :
– la déconstruction de l'histoire, dont l'affaire d'Aigues-Mortes fournit un exemple si l'on considère ce qu'il en reste dans les mémoires un siècle après ;
– la déconstruction de l'identité, perceptible auprès de groupes qui sont en phase de mutation culturelle (comme c'est le cas, par exemple, pour les Gitans sédentarisés[7] et, plus largement, pour les populations d'immigrés).

Le travail, lent ou rapide, de la transformation réductrice met en effet en évidence ce qui est périphérique ou dérivé (et se trouve par là atteint le premier) par rapport à ce qui est central et stable dans l'organisation cognitive. Il montre donc des hiérarchies pratiques de thèmes et de valeurs qui structurent précisément la composition des mondes politiques correspondants. Ce faisant, il révèle une propriété intéressante de ces derniers, qui apparaissent à la fois comme des fabrications et des fabriques, des instances produites et des instances de production. Les objets qu'ils accueillent et qui les meublent sont aussi des objets qu'ils déterminent. C'est pourquoi certaines propriétés de ces objets sont tenues pour secondaires, quelle que soit l'importance que leur donnerait l'historien, alors que d'autres, éventuellement surprenantes, touchent à l'essentiel. On l'a vu à propos des récits de mémoire concernant l'affaire d'Aigues-Mortes. Il pourrait sembler, de l'extérieur, qu'y survivent seulement dans bien des cas de simples anecdotes, qu'y surnagent en fin de compte des traits sans importance, des épaves léguées par les hasards de la transmission. Rien n'est moins sûr. Ce qui nous paraît disloqué s'intègre en fait dans un autre puzzle. La composition de la mémoire collective relève pour ses porteurs d'une question de jugement et non d'une question de procès-verbal. Elle se situe forcément du «côté moral et affectif de l'histoire»[8], c'est-à-dire du côté de l'utilité signifiante.

Ne confondons pas pour autant les meubles et leur fonction ni leurs principes d'assemblage et leur couleur. Chaque cas est particulier, certes : ce n'est donc pas chaque cas dans ce qu'il a de particulier qui nous intéresse. Les configurations et leurs règles générales de constitution sont beaucoup plus importantes parce qu'elles peuvent permettre de comprendre la pensée sociale au-delà de ce que les évidences sensibles de l'instant pourraient suggérer ou masquer.

UN ESPACE DE CONSTRUCTION

Prenons un instant au sérieux cette idée ou, si l'on aime mieux, cette image de *construction* des mondes politiques. Quelques remarques générales en découlent qui peuvent en effet guider la réflexion. Il sera temps, ensuite, de mettre celle-ci à l'épreuve.

D'une part, considérée en tant que procès dont le résultat présentera nécessairement les mêmes propriétés, il n'y a pas de construction sans relation d'ordre (ou du moins de pré-ordre si l'on adopte le vocabulaire des mathématiciens) : les fondations précèdent les murs, comme les axiomes les démonstrations. Cette antécédence de certains éléments est à la fois chronologique et topique : les fondations sont à la base et c'est évidemment par elles qu'on commence, de même que les axiomes sont placés en tête, d'où le reste suit. Bien entendu, la relation entre ces parties et les autres doit être distinguée de toute causalité : les fondations ne sont pas la cause des murs ni les axiomes la cause des théorèmes; ils en permettent l'existence en ce sens qu'ils la supportent. La construction des mondes politiques doit procéder de même d'aspects qui lui sont fondamentaux.

D'autre part, la construction une fois élaborée permet de loger, de caser, de situer, de ranger. Elle est en ce sens réductrice de désordre, en même temps qu'elle exerce des contraintes puisqu'elle ne permet pas la réalisation de tous les ordres. On peut dire qu'elle est distributrice, dans un sens analogue à celui de la distribution statistique : certains objets vont dans la cuisine et d'autres dans la chambre, certains problèmes appartiennent à la famille d'application de tel théorème, etc.

Enfin, on vient de le voir impliqué par ce qui précède, la construction s'opère, et simultanément se déploie, dans un espace, logique ou physique, qui n'est aucunement une métaphore mais une catégorie descriptive constituante. Quelles en sont alors les caractéristiques ?

Rappelons d'abord que l'on se place ici du seul point de vue de la connaissance en acte, c'est-à-dire la connaissance même que manifestent les acteurs dans leurs discours et dans leurs conduites, qui n'est pas celle des analystes éloignés par le temps et/ou la position sociale relative. Il ne s'agit donc pas de la connaissance réfléchie ou de la connaissance instrumentée, qui visent toujours à s'exprimer de façon plus ou moins canonique et sont attentives de ce fait à la cohérence de leur présentation. Les opinions exprimées par les citoyens n'ont pas besoin d'avoir le statut de théorèmes pour exercer leurs effets. Les principes qui les inspirent ne sont pas nécessairement conscients. Précisons également que l'on recherche des *invariants de référence* plutôt qu'une énumération indéfinie de contenus dont rien ne garantirait d'ailleurs la « représentativité ». Il ne s'agit pas en somme de recenser ce qui se présente à l'intérieur d'une situation forcément particulière, mais de définir les cadres généraux du recensement. Enfin, la notion de « monde politique » n'est pas ici prédéterminée par un contenu restrictif : elle accueille tout objet et toute pratique dont une formation sociale donnée, si petite ou si grande qu'on voudra, s'entretient.

Ceci posé, il semble que les coordonnées de chaque monde politique puissent être définies par trois dimensions cognitives :

1. Il faut en passer d'abord par l'identité, dont le lien avec l'ordre politique est quasiment substantiel. Marc Augé le souligne à propos du discours :

> Qu'il soit langage du consensus ou langage de terreur, le langage politique est un langage de l'identité. Sans doute peut-on avancer que tout langage de l'identité, inversement, est tendanciellement politique[9].

On posera donc une première dimension dite d'identification, concevable comme une échelle allant de «moi-même» à «tout le monde», en passant par une série de groupes d'appartenance de moins en moins spécifiés (par exemple la famille proche, les habitants du village ou du quartier, ceux de la région, les Français, les Européens, etc. Ou encore les ouvriers de l'atelier B, les employés de la filature, les travailleurs du textile, les salariés, etc.) Cette catégorisation n'a pas besoin d'être stable d'un moment à un autre, voire d'un individu à un autre, il suffit que la dimension sur laquelle elle se déploie le soit.

L'implication personnelle, comme variable psychologique de statut intermédiaire corrélée avec l'engagement, croît en raison directe de la spécification identitaire. Mais l'identification graduée en termes d'appartenance de plus en plus lâche peut évidemment être dissociée de la catégorisation d'autrui, notamment lorsque je conçois un groupe qui m'est à tous égards «étranger». C'est pourquoi il faut distinguer les deux modalités, «ceci ne me concerne pas spécifiquement, mais en concerne d'autres, proches ou lointains, dont je ne suis pas» et «ceci ne me concerne pas spécifiquement, mais (parce que ceci) concerne tout le monde» : il y a respectivement discontinuité et continuité de l'appartenance, disjonction et inclusion. Dans toute la suite de ce paragraphe, on fait l'hypothèse de continuité en ce qui concerne cette dimension, la discontinuité renvoyant à des phénomènes d'attribution ou, plus exactement, d'imputation, que l'on considérera à part.

2. Une autre dimension est constituée par l'importance perçue de l'enjeu ou, si l'on préfère, la valorisation du thème, concevable à son tour comme une échelle de jugement allant d'«une question sans importance» à «une question de vie ou de mort», avec tous les intermédiaires requis. Cette ordination des objets du monde est en général la seule dimension, confondue synthétiquement avec les deux autres, que prend en compte l'analyse classique du fait politique. Toujours relative, la distribution valorisée des thèmes n'est pas indépendante de la liste qu'ils forment et toute modification de cette liste peut entraîner une modification de cette distribution. C'est ainsi que l'introduction d'un nouvel objet peut modifier la hiérarchie des préférences, de même que la variation des condi-

tions circonstancielles dans lesquelles ces préférences sont considérées ou exprimées. Là encore, cette catégorisation n'a pas besoin d'être stable dans ses contenus momentanés, pourvu que la dimension selon laquelle elle est établie le soit.

En interaction avec le facteur précédent (car je valorise sans doute davantage, dans nos cultures, ce qui me concerne personnellement), l'implication individuelle croît aussi avec la valorisation du thème. Ces deux dimensions, toutefois, ne sont pas redondantes et il convient de prévenir à ce propos l'apparence d'une objection possible. On peut en effet soutenir que la valorisation du thème croît avec l'implication individuelle, entendant par là que les individus peuvent se trouver de fait impliqués dans une situation qu'ils n'ont pas choisie et qu'ils la valorisent ensuite pour «rationaliser» la conduite qui a été la leur dans cette situation, même si elle leur a été en quelque sorte extorquée. Telle est bien la ligne causale sur laquelle insiste avec raison, de nombreux travaux expérimentaux l'ont établi, la théorie de la dissonance[10]. Mais il convient de distinguer l'implication comme inclusion factuelle dans une situation (être pris dans une manifestation, par exemple, ou une structure formelle d'obéissance) et l'implication comme référence subjective de jugement, que nous considérons seule ici. La première est circonstancielle, la seconde culturelle. En d'autres termes, la première advient ou non, tandis que la seconde est une disposition générale induite par la sociabilité même. Toute vie sociale donne ou impose à ses membres une place relativement aux objets constitutifs de son monde et les entraîne ainsi à un jugement permanent sur la convenance et l'inconvenance. C'est dire qu'il faut rétablir une chronologie et concevoir l'enchaînement des effets et des causes dans une perspective plus large : les effets de l'implication situationnelle sur la valorisation conséquente sont attribuables, en amont, à la valorisation culturelle d'un certain type de conduite par rapport à un certain type d'objet («faire face», «assumer ses responsabilités», montrer ses capacités, sa bonne volonté ou sa vertu, accepter de se soumettre à l'autorité ou, plus généralement, aux normes du groupe, etc.) Ainsi l'implication (subjective) croît avec la valorisation parce que celle-ci est objectivement héritée, et la valorisation (subjective) croît avec l'implication (objective) parce que celle-ci advient toujours dans un système de valeurs et de normes, également hérité, qui l'enchâsse.

3. La troisième dimension, enfin, est la capacité ou possibilité perçue d'action, représentable à son tour comme une échelle subjective, non pas au sens où le sujet la produirait, mais au sens où il la reprend à son compte, allant de «je n'y peux rien» à «tout dépend de moi» (les modalités intermédiaires les plus proches de ces polarités étant respecti-

vement « mon action n'a aucun poids » et « mon action est déterminante »). Comme les précédentes, la capacité perçue d'action est une dimension culturellement constituée, puis socialement différenciée, avant de se traduire en un trait psychologique singulier. Ce n'est pas le sujet qui invente sa capacité d'action ou qui la décide en toute liberté, c'est d'abord son histoire au sein d'un groupe qui la lui octroie plus ou moins largement, et c'est bien le système social qui le récompense ou le réprouve pour l'avoir exercée dans tel ou tel cadre. En rapport avec l'identification personnelle, l'application de cette dimension à un univers d'objets varie selon les limites de la sphère privée et de la sphère collective, la première se réduisant dans certaines cultures à presque rien[11]. Mais elle varie aussi, à l'intérieur même de la sphère privée, selon la part accordée aux dieux, au destin, et à ce qui leur incombe dans le déroulement des choses.

Une hypothèse raisonnable est que, toutes choses égales par ailleurs, l'implication personnelle croît avec la capacité perçue d'action.

On admettra qu'à un moment donné, les objets thématiques pris en considération comme référents de discours ou comme référents de conduites sont situés selon ces trois dimensions. Les « mêmes » objets peuvent bien entendu se trouver différemment localisés selon les périodes, les individus et les groupes, mais leur système de repérage est invariant. De ce point de vue, ces trois dimensions constituent donc bien par hypothèse les *coordonnées* des mondes politiques, en fonction desquelles ils se trouvent en quelque sorte thématiquement meublés.

On remarquera au passage que la « complexité » d'un monde politique, le nombre d'objets qu'il contient, les relations entre ces objets, leur désignation, etc., sont des *propriétés* circonstancielles ou particulières qu'on ne doit pas confondre avec le système de coordonnées lui-même.

LA DISTRIBUTION INTERNE DES MONDES POLITIQUES

Composons ces trois dimensions en retenant seulement, pour simplifier, leurs valeurs polaires ou quasi polaires. Nous obtenons ainsi huit localisations typiques pour la distribution des objets d'un monde politique particulier. On ne devra pas oublier que les exemples donnés à chaque fois sont des instanciations possibles qui peuvent se rencontrer dans différentes configurations, et non des contenus nécessaires.

1) *« Cette question me concerne spécifiquement, je la juge essentielle et mon action peut être déterminante ».* Telle est la définition opératoire de

la zone d'implication maximale. Chaque individu la meuble sans doute à sa façon, en fonction des circonstances qu'il rencontre et de son histoire personnelle. Mais il la meuble surtout en fonction de ses appartenances et de l'héritage socio-cognitif que celles-ci procurent. La participation électorale dans les régimes démocratiques fournit ici un bon exemple. A chaque consultation, les propagandes officielles essaient de convaincre les citoyens qu'ils doivent penser ainsi : l'enjeu est important, il concerne chacun et chacun contribue par sa voix à la décision finale. Le fait que le taux de participation varie, parfois très sensiblement, d'un type de scutin à l'autre, et qu'on puisse déceler, en amont de cette variation, des régularités sociologiques, montre bien que cette zone d'implication n'est pas investie de façon permanente et abstraite pour une classe d'objets (les scrutins), mais que chaque spécimen de cette classe s'y trouve ou non logé en fonction des appartenances des individus et des circonstances qui rendent ou non ces appartenances saillantes. Un exemple actuel peut être celui de l'écologie militante locale : je peux me mobiliser contre l'implantation d'un dépôt de déchets dangereux sur ma commune et n'avoir aucune sorte de réaction pour le même problème se déroulant un peu plus loin. L'importance de l'enjeu et l'identification personnelle sont ainsi en interaction, sans qu'il en découle pour le sujet un sentiment de contradiction ou d'incompatibilité (*cf. infra*).

La conjugaison de l'identification, de la pertinence et de la capacité peut suffire à entraîner l'action. C'est du moins ce que prévoit le modèle de l'« homme intérieur », qu'il insiste sur la puissance du désir ou sur la prévalence de la raison ou encore sur le poids de la morale. Toutefois, le rapport de cette zone avec le déclenchement de la conduite n'est pas simple. Le suivisme et la soumission sont très souvent les véritables facteurs de l'action, laquelle sera ensuite « rationalisée », c'est-à-dire justifiée par des motifs attribués à cette zone[12]. Par exemple, je milite d'abord, parce que mon environnement social m'y pousse, et j'explique mon engagement ensuite par l'importance que j'attache à la cause et par le sentiment d'implication qu'à m'entendre elle me procure.

Enfin, comme on le signalait un peu plus haut, cette zone est par excellence celle de la mobilisation idéologique d'Etat. Le tout n'est pas de la faire exister, mais de savoir ce qui la meuble pour se retrouver ou non dans l'orthodoxie. Un accusé du procès d'Angoulême, Constant, journalier de son état, l'a bien compris à sa manière et pratique quand il le faut la substitution convenable. Comme il a été vu par plusieurs témoins armé d'un fusil et marchant en tête de la manifestation meurtrière, il prétend qu'il s'était armé dans l'intention de prêter main forte au maintien de l'ordre. Il dit, au fond, avoir pensé ainsi : « Ce qui se passe me concerne spécifiquement en tant que citoyen particulier, habitant d'Aigues-Mortes. C'est une question très importante et j'y peux quelque chose.» A quoi donc? A la chasse aux Italiens? Mais non, bien sûr. Au maintien de l'ordre public.

Un autre exemple montre tout aussi nettement cet effet de substitution, dans le sens cette fois qui n'est pas attendu. Le 17 août, la colonne assaillie parvient dans sa marche troublée jusqu'à Aigues-Mortes à la hauteur de la maison d'un certain Granier. Cette maison peut offrir un abri d'urgence aux Italiens parce qu'ainsi regroupés dans un espace clos, les gendarmes seront mieux à même qu'en rase campagne de les protéger. On somme donc le propriétaire d'ouvrir sa porte (il est difficile de se trouver plus personnellement concerné), mais il refuse de s'exécuter, craignant, dira-t-il, de voir sa propriété détériorée par la colère des émeutiers. Il renonce donc à agir, alors qu'il le pourrait, en faveur d'une question de principe présumée importante (sauver des vies humaines), parce que son abstention profite à une valeur qui l'emporte à ses yeux, la préservation de son bien. Mauvais citoyen, jugera-t-on, qui permute comme il ne convient pas la position de deux objets, différenciant ainsi son propre univers politique de l'univers normatif qu'il est censé, comme tous, avoir fait sien.

2) *«Cette question me concerne spécifiquement et je la juge essentielle, mais il se trouve que je n'y peux rien.»* Voici l'implication vécue sur le mode finalement passif de la destinée et qui apparaît ainsi, non comme le résultat d'un choix ou d'une délibération qu'on pourrait revendiquer, mais comme un état dans lequel on se trouve placé par suite d'une causalité tout extérieure, généralement non humaine. La survenue de la maladie, l'accident que l'on qualifie de «bête» sont des facteurs typiques de cette implication subjectivement obligée. Mais il faut lui rattacher aussi, par exemple, le goût pour l'astrologie et la caractérologie, qui justifient aux yeux de leurs croyants ce qu'ils prennent pour un état de nature. Ainsi la date de naissance considérée comme un «signe» ou la personnalité comme une dotation plus ou moins heureuse. Ou encore, plus largement, la référence aux «dons», «capacités», «tendances innées» et ainsi de suite, comme facteurs explicatifs des conduites et des œuvres. On le voit, la notion de «race» n'est pas loin.

D'une façon générale, l'occupation de cette zone semble sociologiquement peu marquée, car elle puise largement dans un fonds culturel dont la constitution est immémoriale, au point de structurer parfois la langue même. C'est pourquoi, en termes de communication de masse, le renforcement des thèmes ainsi localisés relève plus de la diffusion que de la propagation ou de la propagande[13]. Ces dernières, en effet, visent toujours à contrôler l'action d'un groupe et présupposent donc que celle-ci est possible, voire nécessaire, relativement en particulier à un groupe adverse contre lequel il faut lutter ou se prémunir. La diffusion, au contraire, entend minimiser les différences sociales pour atteindre le plus vaste public possible et prétend apporter ses «informations», ses «éclairages» ou ses «conseils» à tout un chacun. Le «natif de la Balance» dans les horoscopes n'a pas de statut social, pas plus que la «femme d'aujourd'hui» ou l'«homme moderne», le «surdoué», le «sportif», le «citoyen» ou le «jeune».

De cette zone aussi procèdent ce que certains appelleraient, depuis un autre point de vue, c'est-à-dire depuis une autre zone, une certaine passivité politique: on se sent concerné par une question, on juge qu'elle est importante, mais on estime n'y rien pouvoir personnellement et donc on ne fait rien. Une fois encore, le «même» objet change de statut (et donc, à strictement parler, n'est plus le même) selon la localisation qui en est faite dans le champ d'implication. Prenons par exemple le vote: est-ce une action véritable que de voter, dans les démocraties représentatives, sur une question que l'on estime personnellement importante? Bien sûr que oui, répondront certains, puisque c'est ce geste même qui fonde le statut de citoyen. Evidemment non, diront d'autres, puisqu'en votant je délègue ma capacité sans pouvoir contrôler ensuite les applications de ma délégation, si ce n'est par le vote suivant, ce qui ne résout rien et laisse inchangé le système de délégation. Ce que l'on me présente alors comme une action n'est qu'un leurre ou au mieux un rituel qui scande le long sommeil de mon impuissance. Un ouvrier du sel ou un chômeur pouvaient se sentir concernés par la concurrence étrangère sur le marché du travail, juger la question essentielle et estimer en même temps que leur action individuelle en la circonstance ne les avancerait en rien, parce qu'elle n'était pas appropriée ou n'aurait pas de conséquence.

3) *«La question me concerne spécifiquement, mais elle n'a pas d'importance et de toute façon je n'y peux rien.»* L'individu ne juge pas nécessairement important tout ce qui le touche directement dans le fonctionnement de l'organisation sociale. D'autre part, la possibilité d'agir si peu que ce soit sur ce qui le touche (ou plutôt sur ce qu'il est capable de reconnaître comme le touchant) n'est pas nécessairement assurée. L'implication résultante est alors très faible. En opposition avec le secteur précédent, sont ici accueillis les traits non valorisés du destin personnel, comme par exemple pour tel individu la couleur de ses yeux, pour tel autre ou pour le même sa date de naissance dès lors qu'il n'accorde pas de signification au «signe» qui lui correspond, son prénom même,

qu'il peut aimer ou non sans que cela l'obsède, etc. Mais sont également logées dans cette zone certaines décisions ou applications du pouvoir institutionnel dont le sujet éprouve directement l'effet (qu'il n'a pas choisi) sans qu'il l'estime notable : son propre classement ou reclassement dans telle catégorie administrative, par exemple ; l'attribution du numéro minéralogique de sa voiture ; la soumission à une procédure d'action définie par un tiers (comme présenter sa carte d'identité pour un paiement par chèque), sans que cette soumission paraisse exorbitante, etc.

4) *« La question me concerne spécifiquement et il se trouve que j'ai une action possible, mais j'estime en même temps que cette question n'a pas vraiment d'importance. »* Cette portion du champ de la politique quotidienne accueille un grand nombre de décisions labiles, plus soumises aux déterminations circonstancielles qu'aux encadrements idéologiques. C'est le cas, par exemple, lorsqu'on est appelé à voter dans une association dont on est membre sur un point que l'on valorise très peu, c'est-à-dire alors que les raisons qui ont poussé à l'adhésion et qui maintiennent la participation se trouvent situées dans une autre zone d'implication. Finalement, on votera ou non, dans un sens ou dans un autre, selon les sollicitations et l'humeur du moment. De même, on participera ou non à une réunion à laquelle on est convié lorsqu'on trouve son ordre du jour insignifiant. C'est aussi le cas, plus généralement, lorsqu'il s'agit de prendre une décision dont l'effet personnel sera réel, mais négligeable : décisions d'achats courants, choix dans un menu ou dans une liste de spectacles, etc. Comme on le voit encore, le degré d'importance attaché à la question ne détermine ni le déclenchement de l'action ni sa paralysie.

5) *« La question ne me concerne pas spécifiquement (elle concerne en fait tout le monde), mais elle est essentielle et j'ai une action possible. »* L'idée que mon action puisse contribuer de manière significative à une cause que je juge essentielle et qui concerne tendanciellement tout le monde a été historiquement vécue selon deux modes alternatifs : d'une part le grandissement de soi (en agissant ainsi, je me sauve, par exemple, ou je deviens un héros et un champion de l'altruisme, un modèle moral), d'autre part l'effacement de soi (je me réduis à mon instrumentalité et je me sacrifie pour ce qui me dépasse, autre modèle moral). Les mystiques, tant religieuses que politiques, ont su allier les deux : le « martyr » de la cause se grandit en s'oubliant, il accepte de disparaître pour que perdure ce qu'il sert. Tous les cas, certes, ne sont pas aussi extrêmes, même s'ils relèvent de la même zone. Ils ont en commun la croyance que l'intérêt individuel immédiat ne fournit pas une raison suffisante d'action ou d'inaction. On peut prendre cette fois l'exemple de l'écologie militante globale, qui va faire qu'on se mobilisera en Europe pour la défense de

la forêt amazonienne ou contre des essais nucléaires lointains. De même se manifestera l'attachement actif à une «politique pour les autres», affichant sa «générosité», son souci du bien commun, son universalisme, etc. Ces engagements passent généralement par la médiation d'une organisation, qui objective le rassemblement des intérêts et qui fournit les thèmes ou les moyens de l'action (communication d'un argumentaire, pétitions, manifestations, etc.). Mais ils peuvent aussi être provoqués par la pression d'une situation immédiate dans laquelle les semblables et les proches se trouvent également pris : un habitant d'Aigues-Mortes pouvait considérer en août 1893 que la conduite supposée des Italiens ne le concernait pas spécifiquement, n'étant pas travailleur du sel, mais qu'elle atteignait tous les citoyens français dans leur identité nationale, qu'il s'agissait d'une question importante et qu'il pouvait par son action du moment contribuer à régler cette question. Il rejoignait ainsi le point de vue de Constant, mentionné ci-dessus pour illustrer la première zone d'implication.

6) *«La question ne me concerne pas spécifiquement (elle concerne tout le monde), je la tiens pour essentielle, mais je n'y peux rien.»* Cette zone est peut-être l'une des plus importantes pour la caractérisation des mondes politiques en ce sens qu'elle inclut la dissociation du jugement et de l'engagement. Je peux simultanément penser qu'une question est très importante pour tout le monde et que son contrôle m'échappe totalement. Cette dissociation n'a évidemment de sens que si l'opinion et l'action sont préalablement conçues l'une et l'autre comme relevant du possible. On peut donc supposer que l'importance de cette zone est relativement récente dans notre histoire, car elle procède de la combinaison de trois traits indissociables de l'apparition et du fonctionnement des régimes de masse : la prise de conscience de la citoyenneté (qui permet d'étendre à un vaste ensemble communautaire la pertinence d'un problème), la reconnaissance de la capacité personnelle de jugement, et le constat (ou le confort, mais cela importe finalement assez peu) de la vanité de l'engagement individuel ici et maintenant. Un exemple typique est celui de l'écologie qu'on pourrait dire sensible, pour la distinguer de celle qui franchit le pas militant de l'écologie politique. Le discours, ici, ne débouche pas sur l'action et se cantonne dans l'évocation de la tradition (le monde d'avant la pollution), de la sensation (les qualités de la nature, l'esthétique de l'environnement) et, en corollaire, de la dépossession (critique réactionnelle de la modernité, proclamation de l'impuissance jointe à la bonne volonté). On peut également penser à la position des journalistes lors de l'affaire d'Aigues-Mortes : si certains font des propositions, généralement extrêmes, touchant à l'immigration, la plupart se

contentent d'analyser sans conséquence et, bien entendu, de déplorer ce qui s'est passé.

7) *« Cette question ne me concerne pas spécifiquement, elle implique tout un groupe dont je suis membre. Elle est finalement sans importance, mais j'ai une action possible sur elle. »* Cette configuration, éthiquement ou logiquement paradoxale, mais cognitivement tout à fait concevable et même banale, se rencontre par exemple chez les supporters d'une équipe sportive qui souhaitent la victoire pour l'orgueil de leur club ou de leur ville, se mobilisent dans ce sens, mais conviennent que cet enjeu ne pèse rien face aux problèmes économiques ou sociaux et qu'« il s'agit seulement de sport ». Bien entendu, d'autres supporters du même club peuvent être caractérisés par une localisation différente et, bien entendu encore, ces localisations peuvent se déplacer selon les moments. Il n'est pas exclu non plus que puissent se produire certains effets dynamiques : ainsi, disposer d'une possibilité d'action sur des objets qui n'ont pas d'importance peut être vécu comme une condition imposée, peut-être injustement, si on les compare à des thèmes valorisés à propos desquels on ne peut rien. Le monde politique correspondant est alors perçu comme déséquilibré ou faussé par la volonté manipulatrice des responsables ou des institutions. De là peut venir l'aspiration à le réformer et, de fait, la plupart des modifications juridiques de quelque importance dans les régimes démocratiques touchent au croisement de la capacité d'action et de la valorisation (la loi sur l'interruption volontaire de grossesse en est un bon exemple, fondée sur l'idée que c'est un droit pour les femmes d'avoir la maîtrise de leur propre corps).

8) *« La question ne me concerne pas spécifiquement (elle concerne tout le monde), elle n'a aucune importance et je n'y peux rien. »* On se trouve ici dans la zone d'implication minimale, telle que si elle absorbait tous les objets du monde politique, celui-ci se trouverait en quelque sorte vidé de pertinence. C'est donc la zone détestée par toutes les tentatives d'emprise idéologique (on ne peut pas y mobiliser) en même temps que la zone secrètement rêvée par toutes les tentatives d'emprise subreptice (on peut y démobiliser).

Soulignons encore une fois que la pensée sociale ne traite pas de catégories stables auxquelles elle assignerait une fois pour toutes une seule place. Le « même » objet peut se trouver distribué au même moment pour la même personne dans plusieurs zones de la répartition qu'on vient de décrire. Considérons par exemple le SIDA : en tant qu'il me concerne directement, et aussi bien sûr mes partenaires, et s'agissant d'une question de vie ou de mort, j'ai une action possible de prévention par protection (zone 1). Mais en tant qu'il concerne tout le monde ou du moins une très large tranche de population, qu'il est un problème de société dont je reconnais l'importance capitale en même temps que la diffusion, je peux être amené à penser que je n'y peux rien *à ce niveau* en tant que personne (zone 6) et que c'est l'affaire des organismes de recherche et des pouvoirs publics. A l'inverse, je peux considérer malgré tout que j'ai une action pédagogique et militante possible dans un cadre formel ou informel (zone 5).

La prise en considération de ces trois dimensions nous permet ainsi de jeter un regard nouveau sur les procédés de la propagande. Celle-ci consiste à tenter de faire glisser le jugement de ceux qu'elle vise sur l'une au moins des trois dimensions considérées. Les thèmes «cela vous concerne directement», «c'est plus important que vous ne pensez» et «vous y pouvez quelque chose» sont les ressorts habituels de toute tentative de mobilisation. Nous pouvons en constater presque quotidiennement la mise en œuvre, depuis les slogans publicitaires jusqu'aux déclarations gouvernementales, en passant par la littérature militante des associations et des syndicats. Meubler autrement les mondes politiques, modifier leur distribution interne constituent les objectifs de la propagande moderne. Et comme il n'est pas de propagande efficace sans guides d'opinion, on comprend mieux l'action de ces derniers, dont on sait qu'elle porte beaucoup moins sur les contenus eux-mêmes que sur l'adaptation de ces contenus aux spécificités psychosociales de leurs destinataires. Il n'est pas attendu d'un guide d'opinion qu'il soit fidèle à ce qu'il rapporte, mais qu'il reste fidèle à ses appartenances et qu'il les renforce en alimentant la pensée commune. Son rôle est ainsi de mettre en adéquation l'information qu'il relaie avec le monde politique particulier de ses semblables. Il peut tenter de le faire, tout comme le propagandiste auquel il succède, en intervenant selon les moments sur l'une ou l'autre des trois dimensions, de manière à loger convenablement le thème dont il est porteur. S'il innove, ce n'est qu'en apparence, puisqu'il contribue au fond à faire absorber le nouveau par l'existant. Nous ne connaîtrons jamais, et pour cause, ce que fut l'action immédiate des guides d'opinion dans les événements d'Aigues-Mortes. Mais nous pouvons raisonnablement supposer, comme certains textes publiés à l'époque nous invitent à le faire, que leur «travail» a porté sur l'identification personnelle («ça te concerne aussi, puisque tu es Français»), sur la valorisation des événements qui venaient de se produire («ce sont des assassins, ils en ont déjà tué trois») et sur la capacité individuelle d'action ou de réaction («on ne peut pas se laisser faire, viens avec nous, il faut arrêter tout ça»).

On voit de même quelle est la localisation d'un « bon » objet de rumeur, celui qui fait les rumeurs à succès : il doit concerner directement son public dans telle ou telle composante de son identité, être en même temps suffisamment valorisé et laisser entrevoir au moins une possibilité d'action, celle qu'exprime utilement la face pragmatique du message.

L'IMPUTATION

Par nature, et selon les oppositions mêmes qui différencient les groupes, non seulement dans leurs intérêts objectifs mais aussi dans les composantes perçues de leur identité propre, la politique des uns ne saurait être la politique des autres. La trivialité apparente de cette remarque se dissipe lorsqu'on en examine les conséquences. C'est à cause de ce fait, d'abord, que la science politique n'est pas à proprement parler une science des contenus, mais une science du mode de traitement de ces contenus. Elle n'établit pas la constitution idéale, par exemple, elle étudie le fonctionnement, l'interprétation et les conséquences des diverses constitutions. Ou encore, elle ne détermine pas ce qu'il convient de voter dans une consultation particulière, elle s'attache aux caractéristiques de répartition des électeurs et aux propriétés des textes ou des programmes proposés à leurs suffrages. Elle essaie d'optimiser l'administration et non de la déduire. Bref, elle est intrinsèquement comparatiste, et non essentialiste[14]. C'est aussi pourquoi ses concepts fondamentaux, comme le déplore Arendt, demeurent flous et incertains :

> Il me paraît assez triste de constater qu'à son stade actuel la terminologie de notre science politique est incapable de faire nettement la distinction entre divers mots clefs, tels que « pouvoir », « puissance », « force », « autorité », et finalement « violence », dont chacun se réfère à des phénomènes distincts et différents[15].

Tout citoyen est porteur à sa façon de versions naïves de cette science. Lui aussi est comparatiste. L'expérience politique la plus immédiate qu'il fait est en effet celle de la diversité des politiques, et cela vaut, en toute généralité, pour les politiques domestiques, les politiques de carrière, les politiques économiques, associatives, éducatives, sportives, etc. Les confrontations qu'il peut connaître en ces matières, étagées de la simple communication à l'affrontement ouvert, lui rendent évidente cette impossibilité d'atteindre un consensus qui viendrait de la nature des choses. Conséquemment, toute construction particulière d'un monde politique tient compte des suppositions qu'elle peut faire concernant le monde politique des autres. Elle s'accompagne, autrement dit, de constructions projetées ou du moins d'esquisses de ces constructions qui lui servent de repères : « c'est une chose importante pour eux », « ils pourraient agir et pourtant ils ne font rien », « ils trouvent bon ce que nous tenons pour mauvais », « ça ne les intéresse pas », « ils ont une mentalité de clan », « ils disent ainsi, mais ils pensent autrement », etc. Les « barbares » de tous les temps ont fait l'objet de ces descriptions distanciées dont, plus près de nous, les voyageurs et les premiers ethnographes se sont montrés prodigues. Ce comparatisme qui pourrait déboucher sur le relativisme est finalement normatif parce que la connaissance supposée qu'il engendre n'a de valeur que sur la base de l'assimilation et de la différenciation sociales. Il n'a pas pour moteur la curiosité, mais la recherche du maintien de la stabilité de ce que l'on « sait » déjà, de ce que l'on croit juste, du long parcours hérité au bout duquel on se tient. Nous ne jugeons pas ce que fait l'autre en fonction du monde politique qui serait le sien, nous lui imputons un monde politique qui est fonction de notre jugement. Il en résulte qu'aucune politique, dans le sens où le terme est pris ici, n'évolue directement du fait de son contact avec une politique différente. Les comparaisons en ce domaine sont toujours faites de l'intérieur d'un monde particulier, de telle sorte que la vision qu'on se donne d'autrui ne peut coïncider totalement avec le portrait qu'il entretient de lui-même. On sait bien aussi ce qui l'emporte lorsque s'élève un conflit entre notre jugement et les déclarations de ceux auxquels il est appliqué.

Lors de l'affaire d'Aigues-Mortes, les imputations faites aux Italiens dressaient le tableau d'un monde politique dominé par l'appât du gain (« ils acceptent de travailler pour une bouchée de pain »), la rudesse des manières (« ils vivent comme des bêtes »), la lâcheté conduisant à attaquer en force un groupe moins nombreux, et la valorisation, naturellement déplacée, de l'appartenance nationale en terre étrangère. Il est évident qu'aucun Italien n'aurait reconnu ce monde pour sien et qu'il aurait pu expliquer ou justifier en d'autres termes ce qui lui était reproché. Mais ces explications et justifications mêmes auraient été comprises, reprises, retournées selon les attendus servant à caractériser le monde politique imputé, et on aurait alors évoqué la mauvaise foi ou le mensonge, la duplicité, la bêtise ou l'aveuglement pour confirmer encore cette imputation.

En d'autres termes, un monde politique imputé ne se négocie pas auprès de ceux qui l'imputent. Les sacrifices humains pratiqués par les Aztèques (une « chose horrible et abominable et digne d'être punie », écrit Cortès) furent mis sur le compte de leur sauvagerie et de leurs « superstitions criminelles » que la « véritable religion » devait éradiquer. Le regard que les Espagnols jetaient sur les Indiens ne pouvait embrasser la puissance de leurs mythes et la justification de leurs rites ; ils avaient rencontré des sauvages et se le démontraient par l'observation, puis par le zèle de la conversion[16]. Le contraste même, à leurs yeux, entre le génie de l'architecture ou la munificence des parures et ce goût d'arracher les cœurs vivants ne pouvait être qu'un signe de diabolisme.

On dira qu'il s'agissait dans ce dernier cas de conquête et que les conquérants n'ont pas pour vertu la tolérance. Mais la générosité éventuelle d'une culture dominante à l'égard d'une culture dominée repose, malgré les apparences, sur les mêmes mécanismes d'imputation. On est prêt à admettre la différence lorsque celle-ci inscrit finalement les mêmes objets ou des objets apparentés dans les mêmes zones de valorisation, lorsqu'elle consacre l'implication personnelle aux mêmes causes ou à des causes semblables ; en somme, lorsque le miroir fonctionne parce que le dominant croit retrouver chez le dominé ce qu'il tient pour universel, c'est-à-dire *ce que la différence même ne compromet pas* et se contente de moduler. Dans tous les autres cas, cette ouverture ne fonctionne plus. Si l'on rencontrait de nouveaux Aztèques aujourd'hui, on ne serait pas plus tolérants à l'égard de leurs rites sacrificatoires que les Espagnols du XVIe siècle ne le furent. Simplement, au lieu de mettre en avant les exigences de la foi chrétienne, on se référerait sans doute au respect des Droits de l'Homme.

LES DOMAINES DE COMPATIBILITE

La distribution des objets d'un monde politique particulier dans l'espace qu'on vient de décrire permet de comprendre les apparentes contradictions, en synchronie et en diachronie, que peuvent manifester un individu ou un groupe.

Le principe est simple : deux prises de position ne sont perçues comme incompatibles que si elles se trouvent situées dans la même zone d'implication. Autrement, elles demeurent disjointes et leur contradiction n'apparaît pas. Ainsi je peux très bien défendre, soutenir et propager des théories générales sur l'éducation que je n'applique absolument pas dans mon action éducative propre, sans pour autant éprouver la moindre gêne. Les deux ordres de conduites et les conceptualisations qui les accompagnent ne figurent pas dans la même zone et il y a alors différenciation, pour un objet qui de l'extérieur pourrait paraître identique entre « ce qui me concerne spécifiquement » et « ce qui concerne tout le monde ». De même, je peux être un défenseur convaincu de l'écologie lointaine et avoir des comportements privés qui sont tout à fait anti-écologiques, ou, à l'inverse, veiller scrupuleusement à mon environnement immédiat et compromettre, par mes investissements financiers ou mes préférences de consommateur, des environnements lointains. Je peux éprouver de la commisération pour un séropositif de mon entourage et manifester de la réprobation pour tous les autres ou pour certains autres[17] du fait de la conduite antérieure que je leur suppose. Il n'est pas d'objet important, sans doute, qui ne connaisse pareilles dissociations. N'insistons pas sur les positions politiques contraires à l'intérêt de classe ou tout simplement distinguées des revendications que, par ailleurs, on formule vis-à-vis du gouvernement. N'insistons pas davantage sur le désaccord qui peut exister entre le choix de société qu'on affirme et le genre de vie qu'on mène. Laissons la question des vices privés et des vertus publiques, sans oublier toutefois qu'il existe aussi des vertus privées et des vices publics. Evoquons seulement au passage les rationalistes superstitieux, les libéraux de principe qui sont autoritaires de fait, les donneurs de leçon corrompus, et ces divers portraits de l'inconséquence ou de l'hypocrisie qu'aiment à tracer les moralistes. Aucune contradiction n'est perçue et vécue dans tous ces cas parce que les objets qui s'y trouvent considérés tour à tour sont distribués différemment en fonction des coordonnées du monde politique propre aux individus. Selon que le groupe d'identification est proche ou lointain, l'enjeu immédiat ou différé, l'action perçue comme possible et significative ou au contraire impossible ou vaine, les critères de décision et d'engagement ne sont pas les mêmes et, comme ils ne se trouvent pas localisés identiquement, ils ne s'excluent pas.

On retrouve ainsi, avec peut-être un contenu plus opérationnel, la notion de «programme de vérité» décrite par Paul Veyne[18] :

> Il n'y a pas de vérités contradictoires en un même cerveau, mais seulement des programmes différents, qui enserrent chacun des vérités et des intérêts différents, même si ces vérités portent le même nom. (...) à deux programmes différents correspondent évidemment deux vérités différentes, même si leur nom est le même.
>
> Ce qui n'est pas sans intérêt pour l'histoire des croyances. Notre esprit ne se met pas au supplice quand, semblant se contredire, il change subrepticement de programme de vérité et d'intérêt, comme il le fait sans cesse; ce n'est pas là de l'idéologie : c'est notre façon d'être la plus habituelle.

On comprend aussi, en remontant cette mécanique à l'envers, comment une apparente identité d'action entre plusieurs individus peut en fait découler de mondes politiques radicalement différents. Une illustration caricaturale de cette indépendance est fournie par une anecdote que rapporte Alexandre Dumas dans ses *Mémoires*[19]. La scène se passe lors de la Révolution de 1830. A l'occasion de sa promenade quotidienne, un personnage nommé Duclos tombe par hasard sur une escarmouche aux approches du Palais-Royal. Des jeunes gens tirent sans grand succès sur les gardes suisses qui leur font face. Après un moment d'observation, irrité par tant de maladresse et dans le but déclaré de faire une démonstration, Duclos emprunte un fusil, ajuste et abat sur-le-champ un habit rouge. Il rend alors son fusil au jeune homme qui le lui avait prêté, et comme celui-ci lui propose de le garder puisqu'il sait si bien s'en servir, Duclos refuse en disant simplement : «Merci! Ce n'est pas mon opinion.»

NOTES

[1] L'abnégation même ou, si l'on veut, le «syndrome du Père Goriot» peuvent être compris comme les effets d'une recherche d'intérêt à un autre niveau. On est bien encore dans le cadre d'une politique au sens classique, où il est concevable que l'on préfère le bonheur de ses filles à la préservation de ses couverts en argent. De même, dans toute une tradition théologique, l'intérêt pour l'âme surpasse-t-il l'intérêt pour le corps et même l'intérêt pour l'âme commande-t-il le désintérêt pour le corps.
[2] Plon, 1956. Voir aussi l'ouvrage plus classique de R. Taton, *Causalités et accidents de la découverte scientifique* (Masson, 1955).
[3] *Cf.* Lemaine, 1980.
[4] Sur cette controverse, voir l'ouvrage collectif de Boudon et Clavelin, 1994.
[5] Voir Rouquette, 1995b.
[6] Voire, plus subtilement, à partir de la déconstruction d'une déconstruction particulière, *cf.* Banchs, 1994.
[7] *Cf.* sur ce point l'étude de Mamontoff, 1996.
[8] Jodelet, 1992.
[9] Augé, 1994, p. 85.
[10] Beauvois et Joule, 1981; 1982.
[11] Recensant la littérature portant sur les traits de la «coréanité», Lee (1995) note ainsi, par exemple : dans la langue coréenne, «la distinction entre le singulier et le pluriel est vague; et les phrases n'ont en général pas de sujet. Comme nous l'avons déjà montré, le *je* et le *nous* sont souvent mis l'un à la place de l'autre. La conscience de soi, propre à chaque individu, n'est pas marquée. Une idée telle que le «soi existentiel» ne convient pas à la mentalité coréenne» (p. 63). «Politiquement, il y a une forte tendance à suivre le choix du gouvernement plutôt qu'un choix personnel» (p. 65), etc.
[12] *Cf.* Beauvois, 1994.
[13] *Cf.* Moscovici, 1961.
[14] Il est remarquable à cet égard que toutes les tentatives de définition plus ou moins apodictiques de la «cité idéale» (mettons de Platon à Hegel) l'aient précédée historiquement.
[15] Arendt, 1989, p. 143.
[16] Iturriaga de la Fuente (1988) a donné une remarquable anthologie de la rencontre des étrangers avec l'étrangeté au Mexique, du XVIe siècle à nos jours.
[17] C'est ainsi qu'une proportion importante de médecins généralistes de Marseille juge plus sévèrement les séropositifs drogués que les autres : 20% d'entre eux (sur un échantillon au hasard de 313) sont d'accord avec l'idée que ces patients «doivent être considérés comme des criminels» (Morin et coll., 1995).
[18] Veyne, 1983, p. 96.
[19] *Mes mémoires*, chap. CLXXXIII, Paris : Laffont, 1989, t. 2, p. 358.

Chapitre 9
Le social des représentations

Certains contenus de pensée ne sont jamais produits dans un groupe donné. D'autres contenus sont produits, mais immédiatement rejetés, réprouvés, ostracisés ou tout simplement oubliés. D'autres encore paraissent exprimer la vérité même des choses et s'agrègent sans difficulté au bien commun. Si l'on change de groupe de référence, ces destins peuvent permuter, comme Pascal l'avait remarqué pour les usages, et faire ici une loi de ce qui est tenu ailleurs pour une faute. Pareille fantaisie ne procède pas de la décision des dieux. L'attribuer à la «culture», sans plus de précision, c'est risquer la tautologie et souvent s'en tenir au registre de la simple description curieuse. Pour être comprise, la pluralité des jugements, des explications et des valeurs demande sans doute qu'on la traite sur son terrain propre, qui est celui de la *connaissance*, de ses conditions et de ses formes.

Commençons par poser un cadre général dans lequel plusieurs notions, parfois considérées comme équivalentes ou redondantes, se différencient et s'articulent : on considérera que ce qui rend un énoncé possible et recevable dans une communauté donnée est constitué par un système de représentations sociales qui dérivent d'une formation idéologique et dont dérivent à leur tour des attitudes particulières. Dans cette perspective, l'idéologie apparaît comme une matrice de représentations compatibles, la représentation comme une matrice d'attitudes solidaires. Les jugements particuliers en découlent à leur tour.

La prise en compte de cette architecture est indispensable, en particulier, à la compréhension des opinions, de leur genèse et de leur écho dans la communication. Les imputations concernant le caractère national italien, par exemple, que reprend pratiquement toute la presse de l'époque, ne s'expliquent ni par une faiblesse morale ni par une obsession compulsive ni par une limitation intellectuelle ni par un calcul concerté et cynique; elles adviennent et se soutiennent au sein d'un système représentationnel partagé dont nous avons à saisir la structure et le fonctionnement en termes socio-cognitifs. Cette dernière précision, il faut le souligner encore, n'exprime pas le choix tendancieux et forcément réducteur du spécialiste. Elle se contente de renvoyer à une double évidence, à savoir qu'il s'agit bien ici d'un type de connaissance et que celle-ci est intrinsèquement sociale, aussi bien dans ses conditions de constitution que dans ses conditions d'application. A partir de là, comme à chaque fois que l'on veut traiter de connaissance, les questions d'épistémologie et de méthode sont essentielles. On s'attachera plus particulièrement à celles qui touchent à l'étude des représentations, parce que ces dernières sont au cœur de l'architecture qu'on vient d'esquisser.

NATURE ET STRUCTURE DES REPRESENTATIONS SOCIALES

Il est difficile de se déprendre du charme récurrent de l'individualisme. L'acteur, l'auteur, l'électeur, le consommateur, le meneur et le suiveur ne semblent définir véritablement de rôles que pour autant que ceux-ci sont *singulièrement* tenus. En somme, l'improvisation de chacun serait la règle. Que l'on trouve ensuite des similitudes fortes entre ces improvisations supposées paraît d'importance secondaire et ne renvoie au fond qu'à la « nature humaine », ce qui engage peu. A cet égard, la pensée naïve et la pensée de bien des « experts » ne se distinguent guère. Elles se distinguent d'autant moins qu'on approche davantage du centre sensible de l'analyse réflexive des conditions de la pensée. Or la notion de représentation sociale est un outil essentiel de cette analyse.

Maintenant[1] très diffusée dans plusieurs disciplines du fait de sa valeur explicative et de sa fonction heuristique, on ne s'étonnera donc pas que cette notion reste souvent mal comprise, notamment par les psychologues. Il ne s'agit en fait ni de la représentation individuelle de la réalité sociale, ni même, à exactement parler, de la détermination sociale des représentations individuelles. Il ne s'agit pas non plus, tant au niveau théorique qu'au plan ontologique, d'un agrégat statistiquement pertinent (si convenablement traité) de représentations individuelles. Ce que l'on vise en fait, et Moscovici[2] y insistait dès le début de ce courant de recherche, correspond à une catégorie fondamentale de la sociabilité, au même titre que la division du travail par exemple. Et nul n'a jamais prétendu sérieusement expliquer la division du travail par la diversité des compétences personnelles.

L'origine de ces malentendus entre les sciences du sujet et les sciences de la société paraît claire, même si elle n'est pas toujours innocente : elle tient à des présupposés mutuellement incompatibles dont les uns paraissent «naïvement» plus plausibles que les autres[3]. Voici comment, en effet, semblent raisonner beaucoup de psychologues : il n'existe d'activité mentale qu'individuelle ; or, les représentations sont à l'évidence des activités mentales ; donc... Ce syllogisme est imparable dans sa simplicité, dès lors du moins qu'on en admet les prémisses. C'est bien là que se situe la difficulté. Tout le monde, sans doute, est d'accord sur la majeure, et il est certain que des expressions comme «l'âme de la foule», la «psychologie des masses» ou «la pensée collective» ne peuvent être, au pied de la lettre, que des métaphores. Mais examinons la mineure, «les représentations sont à l'évidence des activités mentales», et rapprochons-la de propositions semblables. Peut-on dire, par exemple, que les croyances religieuses sont à l'évidence des activités mentales ? Bien sûr, si l'on se réfère *a priori* et, justement, dans une sorte d'évidence non réfléchie qui introduit déjà un parti-pris, aux déclarations, aux raisonnements et aux choix des individus repérés comme croyants. Seulement, rien de tout cela n'épuise la question, et la sociologie le sait depuis un siècle. Que seraient en effet les croyances religieuses sans les institutions, les rites, les monuments, l'iconographie ambiante, les pratiques apprises ? Bref, que sont les croyances religieuses en dehors de l'*héritage* qui les alimente et des cadres qui les concrétisent, très en amont de l'individu ? L'adhésion personnelle à ce qui existe ou même l'interprétation singulière de ce qui existe ne créent pas ce qui existait déjà. La plupart du temps, elles ne créent même pas leurs propres voies d'adhésion ou d'interprétation, auxquelles on trouve sans difficulté des prédécesseurs. Comment expliquer, si l'on veut s'en tenir aux individus, que la croyance emprunte toujours à peu près les mêmes sentiers au sein d'une culture donnée et qu'elle se renouvelle si peu ? Il y a parfois de l'innovation, dira-t-on, et au moins, de temps en temps, de l'hérésie. Mais l'innovation ou l'hérésie n'importent que si elles parviennent à s'installer, et leur installation suppose précisément qu'elles disposent de ressources antérieures et extérieures. L'audience des sectes importées, par exemple, demeure marginale tant qu'elles ne disposent pas de moyens institutionnels et surtout de l'appui actif du pouvoir d'Etat. Elles ne peuvent faire au mieux, alors, que séduire ou circonvenir quelques personnes, souder temporairement un groupuscule, se rendre fameuses par un coup d'éclat qui, généralement, achève de les disqualifier. Au contraire, une religion déjà établie, c'est-à-dire déjà associée à une puissance significative, et qui se trouve imposée ou plutôt *installée* par un appareil militaro-politique dans une culture allogène, y devient assez facilement la religion dominante. Pour autant, l'ancienne ne disparaît pas si les différences de pouvoir entre groupes traditionnels et groupes « modernes » subsistent. Le syncrétisme, en tant que négociation plus ou moins réussie par les dominés de la rencontre entre deux puissances, n'est que la confirmation de cette analyse[4].

Un autre exemple, tout aussi probant et tout aussi classique, serait celui des représentations du temps, complètement héritées, acquises et renforcées « de l'extérieur » par le biais d'un appareillage social extraordinairement minutieux, dont l'appareillage technique constamment perfectionné (les calendriers et les horloges) n'est que l'expression contraignante. Que les individus rendent ces représentations manifestes en les « objectivant » dans leur discours spontané ou provoqué[5] ne prouve pas bien entendu qu'ils les engendrent. Tout montre au contraire qu'ils les apprennent et s'y adaptent, à un point tel qu'ils les confondent volontiers avec des données de nature.

Il est clair, comme Durkheim l'a établi depuis longtemps, que ce niveau proprement social de réalité supporte et détermine l'autre, celui des manifestations individuelles[6]. Insistons encore, parce que nous sommes ici sur un point de forte résistance de la pensée commune en psychologie : il ne s'agit pas d'une famille de variables plus ou moins floues qui agirait sur une famille différente et empiriquement mieux définie, comme lorsqu'on parle dans un sens affaibli, très loin à la vérité de Halbwachs, des « cadres sociaux de la mémoire »; il s'agit d'une hiérarchie de possibilités. On doit en somme affirmer que la plupart des activités mentales, ici et maintenant, et telles qu'elles s'expriment notamment dans la communication, traduisent l'existence de représentations collectives et de représentations sociales, c'est-à-dire de conditions et de contenus de la pensée qui leur pré-existent.

C'est précisément en ce sens, parce que ces conditions et ces contenus débordent les ressources strictement individuelles, que les représentations sociales sont, comme on a coutume de le dire, *partagées*. Elles apparaissent au minimum, selon l'expression de Doise, comme les « principes organisateurs des prises de position individuelles »[7], mais il faut ajouter aussitôt, pour dépasser le simple stade de la description, que ces principes résultent d'un processus de production socio-historique *qui les rend précisément communs*. Ils ne sont pas, d'une part, de pures abstractions induites pour résumer adéquatement les données, et ils ne proviennent pas, d'autre part, de propriétés immédiates et universelles du cerveau telles que les présuppose assez rustiquement le paradigme cognitiviste du «traitement de l'information».

Il faut aller même plus loin. Ces principes ne résultent pas davantage du libre exercice d'une intersubjectivité fondatrice qui en garantirait par elle-même la validité. Habermas écrit par exemple :

> L'efficacité des règles techniques et des stratégies dépend de la validité de propositions empiriquement vraies ou analytiquement correctes; en revanche, la validité des normes sociales est garantie par une reconnaissance intersubjective fondée sur un consensus au sujet des valeurs ou sur l'entente[8].

Or, toute la question est précisément de savoir d'où viennent ce consensus et cette entente, c'est-à-dire quels dispositifs sociaux durables ou momentanés y incitent, voire y contraignent, les individus. Le consensus n'est pas une grâce; il résulte d'une configuration objective de rapports et il a, pour tout dire, son histoire propre. N'importe quel accord n'est pas possible à n'importe quel moment dans n'importe quel groupe, et la reconnaissance commune d'une valeur ne doit rien à une intersubjectivité transcendantale.

Il ne s'ensuit pas pour autant que tout cela aille sans aucune régularité cognitive, comme si l'on avait seulement affaire à un entraînement mécanique déclenché en toute extériorité. Bien au contraire, s'agissant des modalités de la connaissance, et pour les mêmes raisons d'ailleurs que celles qui légitiment le projet épistémologique, le champ des possibles paraît en la matière également borné de l'intérieur. On peut alors se donner pour objectif de mettre en évidence des propriétés et des processus *généraux* de production et de régulation, par-delà les contenus particuliers des représentations. Cette perspective, dite banalement structurale, utilise dans ce but, à des degrés divers, les ressources de la formalisation et la rigueur de contrôle que procure l'expérimentation. Plus précisément, deux points principaux marquent la spécificité de cette démarche : une définition assez stricte de l'objet de recherche et, conséquemment, une ligne de modélisation.

Dans la perspective structurale, on considère minimalement qu'une représentation sociale est un *ensemble* d'*éléments* liés par des *relations*. Chacun de ces trois termes, par sa simplicité même, appelle des commentaires.

– L'*ensemble* dont il s'agit est toujours ouvert. Cela signifie que des éléments nouveaux peuvent s'y agréger, durablement ou temporairement, et qu'on ne saurait donc en faire l'inventaire exhaustif. Dans toute période donnée, il comprend, certes, une partie stable (on y reviendra ci-dessous, car son identification est capitale), mais aussi une partie changeante selon les conditions d'activation considérées. Prenons l'exemple de la représentation de la foule, composante essentielle des événements d'Aigues-Mortes : lorsqu'on les interroge aujourd'hui, les individus (en l'occurrence des adultes français) la rapportent tous aux idées très dénotatives de «cohue», de «rassemblement» et de «masse»; mais si l'on opère dans la consigne une induction positive (en évoquant seulement comme exemples de référence des foules festives), vient s'y ajouter le thème de la joie; si l'on opère une induction négative (en évoquant des foules violentes), c'est le thème de la peur qui fait son apparition. Ce dernier est également dominant, en condition contrôle sans induction, pour les individus qui ont peu d'expérience des foules en général[9].

– Les *éléments* de la représentation sont repérés par leurs étiquettes verbales telles qu'elles apparaissent dans le discours spontané ou provoqué des individus. Les mots que l'on dit renvoient à l'organisation du dicible et au partage de cette organisation par les interlocuteurs. Il convient toutefois de souligner que ce n'est pas sur le discours en tant qu'objet suffisant que l'on travaille. Le discours est pris ici comme truchement de la cognition, qui ne s'y réduit pas. Remarquons d'ailleurs que les diverses techniques d'analyse disponibles, depuis l'analyse de contenu thématique jusqu'aux analyses lexicographiques, aboutissent à la constitution de classes d'équivalence de termes ou de syntagmes. C'est alors, si l'on veut, la «raison» (au sens logique classique) de chacune de ces classes qui constitue l'élément pris en compte. Celui-ci n'est donc pas réductible à une expression particulière, même si on en utilise forcément une pour le désigner commodément, et même si cette expression est la plus répandue dans la population considérée.

– Les *relations* entre éléments ont une importance essentielle. Ne serait pas structurale, en effet, une démarche qui se contenterait de recenser des éléments sans se préoccuper de leur organisation et des propriétés caractéristiques de celle-ci. La solution la plus simple dans le cas qui nous occupe est de considérer que toutes les relations possibles peuvent être ramenées à une relation de similitude exprimant «l'idée vague d'aller ensemble»[10], dans une association non qualifiée. Opérationnellement, on présente aux sujets n items correspondant à autant de concepts ou de prédicats et on leur demande de les distribuer en x classes ($2 \leq x < n$) «en mettant ensemble ce qui, selon eux, va ensemble». Une variante intéressante consiste à faire opérer des choix par blocs : par exemple, sur un ensemble de vingt items, les sujets désignent d'abord les quatre qu'ils estiment les plus caractéristiques de l'objet présenté, puis les quatre qu'ils pensent être les moins caractéristiques, et ils réitèrent l'opération sur le reste. Dans un cas comme dans l'autre, on aboutit à des sous-ensembles d'éléments entre lesquels existe une relation de similitude que l'on peut dire plus ou moins forte, puisque ces éléments ont été effectivement associés par un plus ou moins grand nombre de sujets.

On ne dispose ainsi que d'une caractérisation «pauvre» puisqu'elle ne permet pas de différencier la nature des liens qui entrent dans la composition de cette structure. C'est entre autres pourquoi, plus récemment[11], est apparue une technique de qualification, ou plutôt de multiqualification, de la relation entre deux éléments. Cette technique, dérivée du modèle des Schèmes Cognitifs de Base[12], consiste à présenter à chaque sujet une liste standard de k relations possibles et à lui demander d'indiquer celles qui peuvent, selon lui, s'appliquer à un couple de termes donné (A, B). Le plus souvent, B est la réponse fournie par le sujet lui-même à un inducteur standard A (ce qui donne par exemple les couples Médecin-Patient ou Médecin-Malade ou Médecin-Douleur, Médecin-Hôpital, etc.) On tire en particulier des résultats de cette procédure un indice de «valence», défini par le nombre de relations retenues rapporté à k. La valence indique en somme le degré de polysémie ou de connexité sémantique du lien établi par les individus de la population considérée entre A et B (entre un objet de représentation, par exemple, et un de ses attributs, ou entre deux attributs d'un même objet de représentation). Cette propriété, qui différencie la fonction ou le rôle des éléments d'une même représentation, doit être interprétée dans le cadre d'une modélisation globale.

Le deuxième trait qui caractérise en effet l'approche structurale est la formulation d'hypothèses générales sur la statique et la dynamique des représentations sociales telles qu'elles viennent d'être considérées.

L'hypothèse fondamentale est celle dite du «noyau central», qui a récemment évolué en hypothèse du «système central» sur la base de plusieurs recherches empiriques[13]. Il s'agit très simplement de supposer que les divers éléments qui la composent n'ont pas tous le même statut dans l'économie d'une représentation sociale, quel que soit l'objet de celle-ci. On peut exprimer cette différenciation des éléments de plusieurs manières et dire par exemple que les uns sont nécessaires ou définitoires, les autres contingents ou accessoires; ou encore, que les premiers ne sont pas négociables, alors que les seconds supportent éventuellement la contradiction. La notion de connaissance partagée se trouve ainsi éclairée et précisée : ce qui est partagé, c'est d'abord, fondamentalement, le noyau. Cela apparaît nettement sur l'exemple-type de la représentation sociale du «groupe idéal», qui a fait l'objet de nombreux travaux expérimentaux. Parmi les éléments les plus fréquemment retenus et associés par les sujets (en général des étudiants français) comme caractéristiques de l'idée qu'ils se font du groupe idéal, on trouve l'«amitié entre les membres» et la «communauté d'opinions». Une expérience simple[14], utilisant un procédé dit de «mise en cause», montre que ces deux éléments n'ont pas la même fonction dans la représentation sociale : pour les étudiants interrogés, un groupe amical dont les membres ne partagent pas les mêmes opinions peut encore ressembler fortement à un groupe idéal, alors que l'inverse (des opinions identiques avec des relations inamicales) n'est pas vrai. L'amitié appartient au système central de la représentation, l'identité d'opinions au système périphérique. Il en est de même, respectivement, pour l'égalité et pour la communauté de goûts. Cette différenciation entre deux types d'éléments a été reconnue pour de nombreux objets sociaux très divers : l'artisan[15], la chasse[16], le métier d'infirmière[17], l'entreprise[18], le travail[19], l'argent[20], l'hygiène, le déviant, etc.

Le système central donne à la représentation sa cohérence et sa permanence ; il fonde aussi le consensus au sein d'un groupe social déterminé, puisqu'il fixe des points de référence partagés. Le système périphérique admet au contraire les variations, inter-individuelles et intra-individuelles ; il est, si l'on veut, et pour un temps plus ou moins long, le dispositif adaptatif de la représentation, celui qui lui permet d'absorber le changement des situations et la diversité relative des positions personnelles. Cette plasticité, si l'on peut dire, peut même faire illusion pour l'observateur qui viendrait à confondre la spécification locale ou momentanée d'une représentation avec son architecture nécessaire pour un groupe donné telle qu'elle émane de l'histoire et des rapports sociaux. Appliquée au cas des Italiens en France à la fin du XIXe siècle, cette conception permet de supposer que la représentation dont ils faisaient l'objet était organisée autour de quelques éléments peu nombreux, largement consensuels et remarquablement stables. Mais elle permet aussi de penser que ces éléments ne sont pas nécessairement les plus apparents dans les déclarations liées à l'affaire : par exemple, le fait qu'en la circonstance les Italiens soient présentés de manière récurrente comme «violents» n'implique pas que la «violence» soit un élément central de cette représentation. On y reviendra plus en détail au chapitre suivant.

Venons-en maintenant à des questions épistémologiques dont on ne peut faire l'économie, car elles sont sous-jacentes à tout ce qui précède. La plupart du temps, nous demandons aux sujets de nos expériences ou de nos enquêtes d'exprimer d'une manière ou d'une autre la signification que revêt pour eux tel objet thématique (le corps, la chasse, la folie, le travail, le chômage, etc.) Cette démarche présuppose évidemment qu'ils ont la *compétence* pour le faire, autrement dit qu'ils sont capables de fidélité et d'exhaustivité, non seulement par rapport aux significations qu'ils éprouvent, mais aussi par rapport aux significations en acte que constituent par exemple leurs conduites et celles des autres. Or, cette compétence n'est pas nécessairement assurée, comme on le voit bien dans les relances d'entretiens, les confusions, les omissions ou les silences, et dans les contradictions récurrentes entre les déclarations et les comportements. La capacité de faire et la capacité de vivre n'engagent en rien la capacité de dire. Il est clair, en somme, que la totalité des pratiques n'est pas intégralement et fidèlement réfléchie : toute pratique n'est pas mise en discours, toute mise en discours n'a pas de référent pratique, toute propriété du discours ne renvoie pas à la caractérisation pertinente d'une forme cognitive rapportable à un objet donné. De là vient l'insuffisance, pour parler généralement, des approches purement verbales, puisque celles-ci ne peuvent garantir la fidélité et l'exhaustivité par rapport à ce que l'on vise en fait. Cette dernière expression, «ce que l'on vise en fait», renvoie dans sa banalité même au problème essentiel. Toutefois, cette métaphore ne peut être développée directement, car, au tir, ce que l'on vise et ce que l'on touche sont de même nature (disons un point de la cible et écartons la maladresse), alors qu'ici ce que l'on vise est nécessairement au-delà de ce que l'on touche et impose une sorte de reconstitution à partir des traces saisies.

Les seules traces verbales sont insuffisantes, répétons-le. Mais, et cela complique encore un peu la question, il ne faut pas voir simplement en elles un effet ou un reflet, trompeurs et tronqués ou fidèles et transparents, de ce qui les inspire. La chasse, bien sûr, comme ensemble d'habitudes, de techniques, de connaissances, de règlements et d'institutions, n'est pas ce que l'on dit de la chasse, pas plus que le travail industriel n'est ce que l'on en raconte ni le voyage ce que l'on en rapporte. La chasse, pour un chasseur, n'est pas ce qu'il dit lui-même de sa chasse ni ce qu'en dit pour sa part un opposant. Et cependant, ce qui est dit de la chasse par les uns et par les autres contribue à constituer celle-ci comme objet social, engendrant par exemple des prises de position, des citations, des conventions, des fixations ou des glissements. En d'autres termes, et pour généraliser, les pratiques constitutives d'un objet social incluent, sans s'y trouver réduites, les pratiques discursives. Ces témoins que nous interrogeons, et qui d'ailleurs s'expriment bien sans nous, sont aussi des acteurs.

Il faut alors monter d'un cran dans l'abstraction, c'est-à-dire quitter le jeu des apparences immédiates où les phénomènes disponibles semblent tellement coller aux concepts qu'ils les absorbent totalement. On considérera à cet effet que l'étude d'une représentation sociale a pour objectif de restituer une formation cognitive qui a valeur d'institution pour un groupe donné. Comme toute institution, celle-ci n'est pas totalement exprimée dans la seule enveloppe du discours ni seulement bâtie par lui. Elle existe aussi par et dans les conduites non verbales, les icônes, les objets fabriqués, l'organisation matérielle de l'environnement, les rituels, l'architecture, etc. Les ethnologues savent bien, par exemple, qu'un rituel n'est pas nécessairement transparent pour ceux qui l'accomplissent et qu'ainsi la signification qu'il contient n'est pas forcément relayée par le discours supposé «explicatif» de ceux-là mêmes qu'il implique. De même, une icône est pour ainsi dire une «cognition gelée», qu'il convient de distinguer tant des processus cognitifs de sa conception et de sa venue à la matérialité que des processus locaux de sa «réception» et de son interprétation. Ce deuxième point est facilement démontré par le fait que toutes les interprétations attestées d'une icône ne sont précisément pas possibles dans un groupe donné, même s'il advient couramment qu'elles y soient très diverses; mais, ici comme ailleurs, en art comme en science, en politique comme en philosophie, le lointain relatif des frontières ne signe nullement leur absence. Ce qui intervient dans le bornage de la donation de sens à la manière d'une contrainte objective correspond précisément à cette cognition gelée, que l'on peut comprendre comme un ensemble de conditions *produites* qui s'imposent en la limitant à la production de la compréhension actuelle de l'icône. Que le rituel soit indépendant de ceux qui l'accomplissent rejoint ici le fait que l'*intentionnalité réalisée* de l'icône transcende, comme diraient les philosophes, tel destinataire particulier, interchangeable à cet égard avec un autre dans les limites d'une appartenance sociale historiquement située. (Et la communication, précisément, en tant qu'elle réunit la plupart du temps des «prochains» sociaux, permet souvent d'atteindre un consensus relatif sur cette intentionnalité au sein du groupe considéré.) Ce qui est partagé témoigne d'abord de la possibilité, voire de la réquisition, du partage. Ce qui ne l'est pas renvoie à d'autres différences.

Un nouvel exemple peut aider à le préciser. Les objets hétéroclites que nous donnent à voir les musées d'«arts et traditions populaires», maladroits ou admirables, ingénieux, ingénus, désuets, précieux ou vulgaires, montrent pareillement les réalisations d'un mode de pensée que le changement des conditions matérielles nous a rendu presque étranger. C'est cette étrangeté même qui traduit de façon presque palpable l'existence de cette cognition gelée que nous ne pouvons plus complètement nous approprier, alors qu'elle nous demeure au contraire inaperçue, tant elle va de soi et s'incorpore à nous, dans la plupart des objets qui nous sont strictement contemporains.

Ainsi, le support de manifestation de ces formations cognitives que sont les représentations sociales n'est pas seulement l'individu ni a fortiori ses productions verbales personnelles; il réside aussi, outre les conduites collectives, dans l'environnement matériel en tant que ce dernier a été produit et aménagé, et qu'il porte ainsi des choix, des contraintes, des barrières et des passages ou, si l'on préfère, des significations, des intentions et des normes. On n'a pas vu autre chose lorsqu'on a étudié plus haut (chap. 6) la rhétorique de la violence.

LES CONTENUS ET LEURS PRINCIPES

Il semble que la question des contenus des représentations puisse être aussi posée en ces termes. Ou bien, en effet, nous ne rencontrons jamais que du particulier et l'ambition de connaître s'épuise dans un regard clinique constamment renouvelé, ou bien nous parvenons à saisir des processus et des principes indépendants de leur instanciation. Cette alternative est de celles dont on connaît par avance la branche qui doit être choisie.

C'est ici que l'approche structurale des représentations sociales trouve sa légitimation. Sa recherche systématique de régularités formelles n'a pas d'autre sens final que de permettre de mieux comprendre le cas particulier. Ce qui limite notre intelligence de l'affaire d'Aigues-Mortes, par exemple, ce n'est pas une lacune documentaire ou une défaillance interprétative : c'est notre ignorance concernant les représentations polémiques en général et leurs modes de déploiement; notre ignorance sur l'exclusion et le racisme en tant que configurations de la connaissance.

L'approche structurale des représentations sociales assume trois postulats : d'abord qu'il existe légitimement un point de vue analytique indépendant des contenus (par exemple, l'affirmation que «toute représentation possède un noyau»); ensuite, que cette analyse peut être conduite en termes formels d'éléments, de relations et de règles; enfin, que la structure qu'il s'agit de mettre en évidence apparaît seulement dans une population de cas, cette dernière expression étant prise d'abord dans son sens statistique.

Le premier de ces postulats n'a rien de spécifique et il vise seulement, on pourrait dire «classiquement», à dissocier de l'étude scientifique les «qualités secondes» de l'objet envisagé. Dans le cas qui nous occupe, ces qualités secondes correspondent manifestement aux propriétés sémantiques des représentations, dont l'évidence rappelle celle des goûts et des couleurs dans notre expérience physique banale. Or, que les significations soient pour ceux qui les vivent la chose la plus importante du monde n'entraîne pas que l'analyse doive les prendre en compte directement pour ce qu'elles sont, et on sait bien qu'à le faire elle ne pousse guère plus loin que la paraphrase[21], donnant indistinctement valeur de cause et d'effet à ce qu'elle constate; elle doit au contraire s'en défaire (le terme exact serait «s'en abstraire») pour s'attacher aux seules propriétés générales qui sont invariantes relativement à ces qualités. Le passage à la structure permet justement cette abstraction. Croire par exemple qu'il existait en France, à la fin du XIXe siècle, un racisme *sui generis* à l'encontre des Italiens reviendrait à confondre ce que l'on enregistre à cette époque avec ce qui l'a produit, le contenu particulier d'une pensée avec ses conditions d'émergence.

Le deuxième postulat caractéristique de l'approche structurale définit une forme d'intellection qui ne s'accompagne d'aucune affirmation de réalité. Il correspond exactement à ce que veut dire l'expression «traiter comme» et au déplacement conceptuel que cette expression recouvre. On peut ainsi traiter les représentations sociales comme si elles étaient constituées d'éléments inter-reliés, mais personne n'a jamais cru, il faut l'espérer, que ces éléments existaient à la façon des choses, à la manière des molécules ou des gènes par exemple. C'est pourquoi, entre autres, la question de leur nature finale ne se pose pas, et plus particulièrement la question de leur nature «dans» ou «chez» l'individu. Nous sommes autrement dit en présence d'un modèle, au sens fort qu'en a donné Minsky: «Pour un observateur O, un objet M est un modèle d'un objet A si M permet à O de répondre à des questions qu'il se pose sur A.» Et l'on peut reprendre ici, en la transposant, une remarque capitale de Lévi-Strauss: «Le principe fondamental est que la notion de structure sociale ne se rapporte pas à la réalité empirique, mais aux modèles construits d'après celle-ci.» (*Anthropologie structurale*, XV, I)

Cette procuration ou ce détour, comme on voudra, ont non seulement une vertu heuristique, mais aussi une indispensable fonction de césure par rapport aux questions essentialistes d'une part et aux obstinations positivistes de l'autre. Un modèle n'établit pas une essence ni une vérité substantielle; il se juge seulement à la compréhension qu'il permet compte-tenu des moyens qu'il engage.

S'agissant de ces derniers, le troisième postulat fondamental de la perspective structurale introduit quelques contraintes majeures. On le comprend aisément si l'on fait retour sur la notion de collectif.

Les sciences sociales ont affaire par définition à des populations, déterminées tantôt comme «groupes», comme «catégories», comme «rassemblements» ou comme «classes», entre autres termes à vrai dire mal fixés. Ce n'est pas pour elles une question de choix, à la manière d'un point de vue qui serait à tout prendre arbitraire, mais une opération tout à la fois constitutive et réflexive de leurs objets. Bref, la réalité sociale est sociale. Nul ne le contestera, car il est très difficile de résister à une tautologie. Pour mener celle-ci jusqu'au bout, il faudrait encore ajouter que la réalité sociale est réelle. Là, les choses se gâtent un peu, semble-t-il : la plupart des gens tiennent pour plus assurée la réalité subjective de leur «moi» que la réalité objective des rapports de pouvoir par exemple. Ils voient aussi ce qu'ils croient en pensant simplement croire ce qu'ils voient. De même, nombre de psychologues conçoivent fort bien la notion de représentation individuelle et fort mal celle de représentation collective, qu'ils prennent pour une sorte de métaphore ou de fantôme. Rien d'étonnant, dès lors, à ce que les foules, en particulier, ou encore les rumeurs et les communications de masse, tellement révélatrices pour notre propos, leur restent incompréhensibles. Ils semblent ne pouvoir considérer que des sujets, tous différents, ou que des cerveaux, tous interchangeables. Entre ces deux possibilités, l'histoire, la position sociale, les conditions de la pratique se trouvent éliminées. Or il faut rappeller, au risque même d'être un peu vif, que l'histoire ne se réduit pas à l'apprentissage, que la position sociale n'a rien à voir avec les effets d'une consigne momentanée et que les conditions de la pratique ne sont pas des instructions pédagogiques. Au contraire, l'apprentissage, l'effet des consignes et les instructions pédagogiques ne prennent sens et fonction qu'à partir de dispositifs extra-individuels parmi lesquels figurent au premier chef normes et représentations. C'est parce que la réalité sociale est à la fois sociale et réelle que les aspects structuraux qui la caractérisent (sans l'épuiser) ne peuvent apparaître que sur des populations de cas.

Encore faut-il se garder, à propos de ces dernières, de quelques raccourcis trompeurs. Dans le sens statistique simple, une population est ce qui permet d'opérer des agrégations pour aboutir à des valeurs numériques : calculs de fréquences, d'indices de tendance centrale, de co-occurrence, de dispersion, de distance, analyses de variance, etc. C'est une ressource technique, si l'on peut dire. Le point de vue théorique est tout à fait différent : pour lui, la population est *ce qui rend cette agrégation légitime*. Mettre ensemble des cas individuels suppose qu'ils partagent, en amont du rassemblement empirique, le ou les mêmes critères d'appartenance, lesquels sont forcément sociaux et entraînent nécessairement, dans une situation donnée, des déterminations cognitives. Les contenus, alors, apparaissent bien comme des produits dont il s'agit d'élucider la production, et non comme des *données* qui émergeraient d'un rassemblement plus ou moins quelconque dont on ne comprendrait pas la raison. Ainsi, pour faire un raccourci, l'idéologie n'est pas ce que pensent les gens, mais ce qui les amène à penser ce qu'ils pensent et leur interdit de penser autrement. Les émeutiers d'Aigues-Mortes n'ont rien fabriqué par eux-mêmes de ce qui les a précipités sur la route des salins ; ils n'ont inventé ni les conditions de leur appartenance ni les formes subséquentes de leur connaissance sociale. Du début à la fin, des premières bagarres et des rumeurs au massacre, ils n'ont disposé d'aucune marge cognitive.

QU'EST-CE QUE « PENSER » UNE REPRESENTATION SOCIALE ?

Supposons[22] que l'on constate : la personne A soutient l'opinion x, la personne B aussi, C également, etc. Supposons par ailleurs que A, B, C, etc., appartiennent à la même population objective, définie aussi strictement qu'on voudra. Alors, on dit que x dénote partiellement une représentation sociale, puisque celle-ci est par définition partagée. On pratique ainsi une sorte de réduction par agrégation, qui est tout à fait légitime au plan du traitement statistique, mais qui pose par contre un grave problème théorique, différent de celui qu'on vient d'examiner ci-dessus.

En effet, cette réduction repose sur le fait que lorsqu'un individu *déclare* x ou le choisit comme déclaration dans une liste, on suppose aussi qu'il le « pense ». Bien entendu, cette induction d'un ordre phénoménal à un autre ne présente logiquement aucune validité (et d'autant moins, remarquons-le, qu'elle se fonde souvent dans une population d'enquête sur l'identité simplement *approchée* des déclarations telle que l'instaure une forme ou une autre d'analyse de contenu). Ou bien déclarer et penser ne se distinguent pas, et alors les propriétés empiriques des distributions suffisent sans qu'il soit besoin de postuler des inobservables ; ou bien les deux termes se distinguent, mais il faut alors justifier la légitimité du passage de l'un à l'autre soit par le biais de relations causales (la pensée *déterminant* la déclaration), soit au moyen de relations définies d'équivalence permettant de poser une isomorphie entre configurations cognitives et configurations déclaratives.

On s'en doute, la bonne question concerne le sens que l'on donne au verbe «penser» dans la phrase «A, B, C... pensent x». Or, il est possible de distinguer trois sens, renvoyant

– soit à des processus producteurs de contenus, le sujet se trouvant alors en quelque sorte créateur et la pensée étant assimilable à une variable indépendante qui s'infère seulement depuis l'aval ;

– soit à un acte d'adhésion à des contenus disponibles dont l'origine est extrinsèque (comme dans «je pense que vous avez raison») ;

– soit à des conditions, qui rendent un type de contenu acceptable ou probable ou même inévitable, et permettent de l'actualiser ou de le reconnaître dans une déclaration. On quitte alors, bien évidemment, le terrain du sujet individuel, c'est-à-dire celui de la production personnelle.

On peut éliminer assez facilement les deux premiers sens. Le premier a contre lui aussi bien la rémanence des représentations sociales que leur changement progressif ou brutal. C'est dire qu'il a tout contre lui. La rémanence d'abord : il suffit de constater que penser dans le contexte social semble consister beaucoup plus souvent à reproduire qu'à produire, à rééditer qu'à innover, à confirmer qu'à infirmer (et même, s'agissant des représentations sociales, forcément partagées, on ne rencontre jamais par définition que des *copies* individuelles si l'on se réfère à la permanence du noyau). La prise en compte du changement conduit au même rejet : car il faudrait alors expliquer ce qui motive ce changement, et pourquoi il advient en synchronie parmi les membres d'un même groupe. Répondre à ces questions en invoquant le cours des circonstances ou les modifications du milieu conduirait immédiatement à une contradiction, les processus de pensée devenant alors les variables dépendantes de facteurs externes à la pensée même.

Certains tenteront de sauver malgré tout ce point de vue en disant que la pensée peut être une variable intermédiaire entre l'environnement et les déclarations. Mais on complique alors le problème initial en le renvoyant ainsi à la nécessité de théoriser une double articulation : celle de l'environnement et de la pensée d'une part, celle de la pensée et des déclarations d'autre part. Outre que ce n'est généralement pas une bonne façon pour lever une difficulté que de commencer par la doubler, on remarquera que l'hétérogénéité de ces trois composantes (l'environnement, la pensée et les déclarations) interdit de les relier dans un véritable modèle explicatif scientifiquement recevable. Lorsqu'un biologiste, par exemple, s'intéresse à l'influence du « milieu » sur l'organisme, il s'intéresse en fait à la co-variation de deux grandeurs physico-chimiques, c'est-à-dire de même nature épistémique ; au contraire, l'articulation de l'environnement et de la pensée risque de n'avoir pas plus de sens que le vieux et infécond problème de l'âme et du corps.

La deuxième acception n'explique en rien la genèse et les caractéristiques des contenus de « pensée », puisque ceux-ci sont « déjà là », déjà produits et même, il faut le souligner, déjà consensuels dans une partie au moins du groupe considéré. Adhérer, c'est venir au contact de ce que l'on a choisi, mais qu'on n'a pas produit. C'est analogiquement, si l'on veut, le modèle électoral, dans lequel on demande seulement au citoyen de se prononcer pour ou contre un contenu qui lui est proposé de l'extérieur, préparé et pensé (au premier sens ou au troisième) par d'autres que lui. Ici comme là, d'ailleurs, l'adhésion est une conduite publique qui n'a d'existence, parce qu'elle n'a d'effet, que dans cette publicité, médiate ou immédiate, que lui procure un système d'expression. Qu'est-ce qu'une adhésion non déclarée, au sens strict ? Sans doute au mieux, et dans certains cas seulement, un item de journal intime, un « frémissement de la conscience », « un mouvement de l'âme », toutes expériences qui semblent vouloir se couper par nature de l'existence sociale.

Dans cette perspective, il n'y a donc aucun sens à distinguer la déclaration d'adhésion du contenu de la pensée qu'inutilement on présuppose (ni aucun sens, bien entendu, à distinguer le contenu de la pensée d'une adhésion qui ne fait en somme que l'orner) ; la représentation sociale est *de facto* constituée par la reproduction de significations, de positions et de valeurs qui demeurent contingentes (« déjà-là » sans que l'on sache pourquoi), puisqu'on ne se donne pas les moyens d'en analyser l'origine, le positionnement et la prégnance. Et si l'on entend s'intéresser aux causes internes de l'adhésion, on est renvoyé bien sûr au premier sens examiné ci-dessus.

Il reste donc la troisième possibilité : montrer que le statut ontologique des représentations sociales est dans ce que l'on peut repérer comme un système objectif de contraintes, que les deux premières acceptions évoquées ont pour fonction de minimiser ou de masquer. Or, nous pouvons identifier certaines de ces contraintes sur la longue durée, à partir de la comparaison de corpus étendus prélevés dans toute sorte de production de la pensée : tels sont les thêmata, les schèmes épistémiques de la connaissance collective et, bien entendu, les rapports sociaux, en tant qu'ils découlent notamment de la division du travail et des hiérarchies qui en dérivent.

Les thêmata sont des «notions premières» que l'on retrouve «au cœur des représentations collectives comme à l'œuvre dans les révolutions scientifiques (...) Ils prennent forme de «notions», c'est-à-dire de «lieux potentiels» du sens (...) [lesquels] ne sont concrétisables qu'au travers de discours, de justifications et d'argumentations qui vont les «nourrir» sous forme de productions de significations»[23]. Ainsi, par exemple, l'opposition «actif-passif» qui guide si souvent la pensée à propos de toute sorte d'objets, de la caractérologie à la biologie, de la politique à la mécanique, pour ne rien dire de la pédagogie. La plupart du temps, on essaie prioritairement d'identifier l'actif et on lui accorde la plus grande importance, on construit des catégorisations qui reposent sur cette double polarité, on en fait même un principe de compréhension. La recherche, dans un ensemble de données ou dans un effort de construction théorique, d'ordres linéaires simples dont on valorise surtout les extrémités[24] semble aussi constituer un thêma important, qui a pu jouer un rôle dans les événements d'Aigues-Mortes.

Les schèmes épistémiques de la connaissance collective[25] sont des patrons formels de conceptualisation et de démonstration antérieurs à toute instanciation particulière, dont ils commandent le fonctionnement et la valeur : ainsi le schème de la désignation, par exemple, qui attribue au nom les vertus descriptives ou explicatives du concept, en vérité absent, auquel il est censé renvoyer (on explique l'action du guérisseur par le «fluide» sans pouvoir préciser ce dont il s'agit ni même éprouver le besoin de le faire, le destin individuel par la «chance»[26], le comportement des Italiens par la «race», etc.) Cet ensemble de contraintes thématiques et schématiques, épistémiques en tout cas, constitue un héritage, au sens de ce que l'on reçoit sans l'avoir produit, mais aussi au sens de ce qui marque et détermine par l'inscription dans une lignée. On en reçoit à la fois le «pensé» et l'organisation du champ du «pensable».

Il est aussi des contraintes de situation, qui peuvent se lire tantôt comme effets de l'histoire et tantôt comme vecteurs de sa dynamique. En d'autres termes, ce qui advient a des racines et ce qui advient engage. En d'autres termes encore, n'importe quoi n'est pas possible à un moment donné parce que le réel résiste et parce que ce réel, qui englobe les conditions matérielles d'existence et l'héritage des pratiques, avec leurs institutions et leurs normes, est fondamentalement socialisé. Ainsi les mouvements de la pensée répondent aux mouvements de la sociabilité, à tous les niveaux de la pensée et de la sociabilité. Il est indiscutable aujourd'hui, au vu d'une masse de résultats expérimentaux, que si la situation (évidemment sociale) change selon certaines modalités, la pensée change aussi, également selon certaines modalités[27]. Cela devrait suffire à ranger la pensée quotidienne, dans ses contenus comme dans ses formes, du côté des variables dépendantes. Plus globalement, l'anthropologie et l'histoire des mentalités ne montrent pas autre chose lorsqu'elles établissent la résonance des significations par rapport aux structures. En effet, les changements de situation opérés en laboratoire ou, éventuellement, en milieu naturel correspondent, aux «navettes d'échelle» près[28] qui font passer du macrosociologique au microsociologique et retour, aux moments d'une dynamique sociale d'ensemble. Il ne s'agit pas bien entendu d'assimiler purement et simplement les uns aux autres, mais de reconnaître leur équivalence formelle dans l'induction du changement.

Alors, la formule selon laquelle «A, B, C, D... pensent x» signifie que A, B, C, etc. sont pris dans le même système de contraintes dont x est une production expressive. Ces contraintes sont d'une part héritées (apprises, mais aussi de toute façon déjà prêtes et à apprendre), d'autre part circonstancielles, c'est-à-dire dans les deux cas historiquement déterminées. Il n'est question, remarquons-le, que de conditions *objectives*, à la fois nécessaires et suffisantes, et telles qu'aucun individu ne peut les créer par lui-même. Rien ou presque dans l'affaire d'Aigues-Mortes, on l'a vu, ne pourrait être compris à partir du seul point de vue psychologique, comme une sorte de génération spontanée dans le cerveau de quelques uns ayant ensuite contagié les autres.

Une autre approche du même problème conduit à la même conclusion. Qu'est-ce qu'un objet de représentation sociale? Il semble qu'il y ait deux réponses possibles selon qu'on se place du point de vue de la description (en recherchant une sorte de caractérisation externe) ou de celui de la cognition :

1) on peut considérer d'abord que toute représentation a pour objet un ensemble réfléchi de pratiques entre les hommes, y compris les pratiques discursives. Il reste alors à déterminer ce qui fonde pour le groupe considéré l'unité de cet ensemble;

2) on peut traiter aussi cet objet comme un *quasi concept* référant à une classe apparemment hétérogène de savoirs, de situations et de conduites. On appelle ici «quasi concept» un ensemble de critères coordonnés qui sont «mal définis» au sens de la théorie des problèmes[29]. Rappelons qu'un critère est mal défini lorsqu'on ne peut pas lui associer de procédure démonstrative stricte, mais seulement des jugements relatifs

d'évaluation (par exemple «la meilleure idée», «la plus grande justice», «l'importance de la question», etc.). De même, un quasi-concept permet d'opérer des rangements variables qu'aucune démonstration ne peut confirmer ou démentir.

Ces deux définitions renvoient en fait l'une à l'autre, de telle sorte qu'aucune des deux n'est suffisante. A considérer la seconde, on peut en effet se demander : est-ce l'objet de représentation qui est un quasi-concept ou n'est-ce pas plutôt la représentation elle-même de l'objet, ce qui nous renverrait alors au premier point de vue? Mais justement, qu'est-ce qui définit cet ensemble de pratiques, c'est-à-dire l'institue en tant qu'ensemble et lui donne sa cohérence spécifique, sinon une forme d'armature conceptuelle, aussi «mal définie» qu'on voudra? Il est assez facile de répondre en articulant les deux points de vue. En tant que produit cognitif, c'est évidemment la représentation qui est un quasi concept découpant la réalité sociale, la rassemblant et l'agrégeant localement, la dispersant ailleurs. Ainsi, l'objet de la représentation est déterminé par la représentation elle-même. En d'autres termes, on ne peut pas poser l'objet de la représentation d'abord, si ce n'est par un artifice didactique, et caractériser la représentation ensuite : les deux sont de la même venue.

Il s'ensuit ce truisme que lorsqu'on rencontre deux quasi-concepts différents de la «même» réalité, il ne s'agit pas la «même» réalité. La chasse des chasseurs n'est pas celle des écologistes, la protection de l'environnement qui préoccupe les uns parce qu'elle inclut le gibier ne mobilise pas les autres ou même les révulse; la corrida des opposants est une boucherie, là où d'autres voient la mise en scène d'un drame métaphysique; dans les années cinquante, la psychanalyse des communistes n'était pas celle des catholiques, etc. Il ne pourrait s'agir de chasse, de corrida ou de psychanalyse «en soi» que sous le regard idéal absolu, qui est une fiction épistémologique commode : celle de la «vérité» sociale et historique indépendante de toute position socio-historique. Il n'y a aucun sens à dire à ceux qui l'ont construit que l'Italien tel qu'ils l'ont construit ne correspond pas à l'Italien tel qu'il est. Les campagnes contre le racisme devraient en tenir compte pour éviter de se perdre dans une simple dénonciation qui manque toujours sa cible parce qu'elle vise à côté.

En bref, la représentation sociale est un quasi-concept qui prend pour objet ce que ce quasi-concept commande (et non un quasi-concept élaboré à partir d'un ensemble phénoménal donné qui serait identique pour tous dans son objectivité). Elle n'est donc pas une approximation ou une erreur, si ce n'est au regard d'un autre quasi-concept et éventuellement au regard du concept scientifique lorsque celui-ci a été forgé ; elle définit pour ses usagers les conditions de la vérité. Ainsi les Italiens d'Aigues-Mortes ne pouvaient-ils échapper au regard, d'une certaine façon *nécessaire* pour ceux qui le portaient sur eux, qui les constituait en groupe à réprouver, repousser, puis réprimer.

A un certain moment, toutefois, ce quasi-concept se trouve démenti dans son efficacité par l'expérience collective : quelque chose qu'il ne commande pas s'impose ou lui résiste (un changement de l'environnement matériel, par exemple, induisant ou nécessitant une modification des pratiques) et il finira tôt ou tard par changer, de manière brutale ou progressive, clairement perceptible ou presque insensible[30]. Cela aussi l'impose comme variable dépendante d'une causalité matérielle, sociale et historique, et interdit qu'on le réduise à n'être que le produit d'une activité cognitive individuelle. Le sujet social penseur est un sujet amené à penser ce qui pour lui est pensable.

NOTES

[1] Une première version de ce passage a été publiée sous le titre «L'analyse structurale des représentations sociales» (Séminaire n° 89, CIRADE, Université du Québec à Montréal, 1995).
[2] *La psychanalyse, son image et son public*, 1961.
[3] On n'examinera pas dans ce qui suit l'engendrement et le rôle historique de ces présupposés, qui ne sont évidemment pas des «actes libres» de la pensée, mais qui correspondent à des matrices idéologiques dont les effets s'expriment en plusieurs champs intellectuels, dont celui de la politique.
[4] «La religion du vainqueur devient la seule religion publique valable pour la masse totale de la population, tandis que la religion vaincue (...) se dégrade en magie ou se métamorphose en religion à mystère, fondée sur l'initiation et le secret» (Bastide, 1960, p. 548).
[5] *Cf.* Ramos, 1994.
[6] Affirmer qu'il le détermine complètement serait une proposition métaphysique que nous n'avons pas à examiner. Bien entendu, la négation de cette proposition est également métaphysique. La puissance de compréhension qui découle d'un principe de connaissance est seule ici à considérer.
[7] Doise, 1990; Clémence, Doise et Lorenzi-Cioldi, 1994.
[8] Habermas, 1995 (trad. franç.), p. 15.
[9] Rouquette, 1994b, chap. 7.
[10] Flament, 1981.
[11] Guimelli et Rouquette, 1992; Guimelli, 1994b.
[12] Rouquette, 1994a. *Cf.* également ci-après, chapitre 10.
[13] *Cf.* Abric, 1987, 1994; Rateau, 1995.

[14] Moliner, 1989.
[15] Abric, 1984.
[16] Guimelli, 1989.
[17] Guimelli, 1994 a.
[18] Moliner, 1996.
[19] Flament, 1994a.
[20] Vergès, 1992; Capozza *et al.*, 1995.
[21] *Cf.* Wagner, 1994.
[22] Une première version de cette section a paru dans *Papers on social representations*, 1995, 4(1), 79-83.
[23] Moscovici et Vignaux, 1994, p. 61-62.
[24] De Soto et Albrecht, 1968.
[25] Rouquette, 1994b, chap. 6. On en a déjà rencontré un exemple, le schème de la permanence (voir chapitre 3).
[26] *Cf.* Rouquette, 1994c.
[27] Voir sur la mise en évidence expérimentale des conditions de la «rationalisation», Beauvois et Joule, 1981; et aussi Beauvois, 1994. Sur la détermination du raisonnement individuel par les logiques sociales, Doise, 1993.
[28] Pagès, 1987.
[29] *Cf.* en particulier Reitman, 1964; Simon, 1973; Rouquette, 1973b, 1979, 1985.
[30] *Cf.* Flament, 1989, 1994b et c; Abric, 1994b; Guimelli, 1994a.

# Chapitre 10
Les ressources de base
des représentations

La pensée sociale est très diverse puisqu'elle porte sur tous les objets du monde collectif et qu'en outre le découpage des objets de ce monde varie selon les époques et selon les groupes. Il n'est donc pas question, comme on l'a souligné plusieurs fois, de tenter d'en faire un inventaire thématique. Mais surtout, et c'est formellement évident, les processus et les principes que cette pensée engage ne sont pas aussi variés que les contenus qu'elle élabore ou qu'elle rencontre. On l'a vu plus haut à propos des rumeurs. On l'a vu également à propos de la construction des mondes politiques, dont les objets multiples peuvent être significativement ramenés à leur localisation dans un système de coordonnées.

L'analyse de ces processus et principes génériques peut être conduite à différents niveaux. Leur complexité y incite, à moins que ce ne soit notre manque de pénétration, dû à notre propre immersion dans l'élaboration cognitive permanente de la sociabilité. Toujours est-il que divers regards, plus ou moins intuitifs ou au contraire fortement théorisés, sont jetés depuis une trentaine d'années sur les constituants et les procédés fondamentaux de la pensée sociale. On aborde par exemple celle-ci en termes de fonctions lorsqu'on se demande ce qu'elle permet d'assurer dans la vie des groupes, notamment en ce qui concerne leurs rapports avec la nouveauté et le conflit. On peut également la caractériser en termes de catégories globales de modes d'élaboration et de compréhension (tels sont l'objectivation et l'ancrage décrits d'abord par Moscovici à propos des représentations sociales[1]). Plus abstraitement, il est sans doute possible de la saisir au niveau des schèmes épistémiques qui contraignent la forme même de la connaissance sociale en assurant sa possibilité. Enfin, et sans que cette perspective contredise les précédentes, on peut davantage s'attacher aux effets, en considérant ce que la pensée sociale provoque dans les conduites, singulièrement politiques et morales.

Toutes ces approches contribuent et ont contribué à instaurer la pensée sociale en objet d'étude spécifique vers lequel convergent les efforts de plusieurs disciplines. Il reste encore à en établir le fonctionnement de manière plus fine, en essayant de modéliser l'effectuation des processus cognitifs de détail. Une chose est en effet de décrire, une autre de reconstituer. Mais une approche structurale, dès lors qu'elle ne reste pas cantonnée à un réalisme naïf, permet sans doute de conjuguer jusqu'à un certain point ces deux ambitions. Elle considère pour l'essentiel, rappelons-le, qu'une représentation sociale est un ensemble d'éléments interreliés. Elle n'exclut pas, bien entendu, qu'il existe des règles de transition d'un état à un autre et, par exemple, des « canevas de raisonnement » (qui sont proches sans doute des schèmes épistémiques) permettant de gérer, voire de générer partiellement, l'évolution des situations. Cependant, retenons seulement ici la caractérisation la plus simple de cette approche, d'abord parce qu'elle n'a pas tout livré encore de sa fécondité.

Le point de vue présenté est extrêmement simple. Les relations entre éléments peuvent prendre un nombre indéterminé de valeurs sémantiques qu'il serait vain de prétendre répertorier. On peut supposer par contre que ces valeurs ne sont que les instanciations de types relationnels qui existent en nombre fini. Il s'agit en somme de se donner des primitives de relation que l'on retrouverait tendanciellement à propos de tous les objets représentationnels possibles, et dont l'activation différenciée dépendrait de contraintes situationnelles. La perception des Italiens voici un siècle apparaîtrait alors comme un véritable cas particulier, comparable à d'autres et dérivable comme ces derniers d'un même corps de principes cognitifs.

LA QUESTION DES PRIMITIVES

Il importe d'abord de s'expliquer sur cette notion de primitive, qui semble effrayer ceux qu'elle renvoie à une sorte de prétention exorbitante, comme s'il s'agissait de violer l'horizon du savoir possible. La question apparentée des universaux provoque souvent le même genre de réaction parce que tout dépend, sans doute, de la manière dont elle est posée.

Il existe un sens fort et un sens faible de la notion de primitive qui se rejoignent tous deux dans l'idée d'une frontière ou d'un fondement pour l'analyse. Dans le sens faible, que l'on pourrait dire aussi «opératoire», une primitive est ce que l'on se donne pour mener à bien une déduction et qui demeure comme tel opaque aux moyens propres de celle-ci. Dans le sens fort, que l'on pourrait qualifier de «réaliste», une primitive est une donnée de nature en amont de laquelle on ne peut aller parce qu'il n'y a rien. Le sens faible est toujours révisable parce qu'on peut arriver, par exemple, à déduire les primitives de primitives plus profondes ou parce qu'on peut se donner d'autres primitives de même «niveau», mais plus efficaces dans l'application que les premières. Le sens fort, par contre, n'est pas révisable ou, plus exactement, sa révision correspond à une invalidation : on montre alors que ce qui était tenu pour une primitive naturelle n'est pas en fait une primitive.

Il existe une position intermédiaire qui combine le point de vue opératoire et la vision réaliste. Il s'agit de considérer qu'on peut procéder par induction pour dégager les primitives «naturelles», à la manière de ce qui se passe, croit-on, pour la formation du concept. On partirait d'un échantillon d'exemples «naturels» dont on dégagerait les propriétés (formation du concept) ou les conditions (induction de primitives) communes. Puis, en élargissant l'échantillon, on mettrait à l'épreuve la validité des conclusions tirées, et ainsi de suite. On se réglerait ainsi de proche en proche sur l'expérience. On connaît les difficultés liées à cette conception : à partir de quand l'accumulation des accidents se transforme-t-elle en nécessité? à partir de quand, aussi, arrêter les mises à l'épreuve de cette nécessité supposée afin de la tenir désormais pour une nécessité reconnue?

Spinoza a fait justice à sa manière de cette procédure impossible en recourant à l'exemple élémentaire du cercle : l'idée de cercle n'est pas un cercle; elle ne comporte ni centre ni périmètre; par ailleurs, un cercle empirique, forcément imparfait ne serait-ce qu'à cause de l'épaisseur du trait qui le matérialise, ne peut démentir l'idée de cercle, et il se trouve que celle-ci est plus vraie que celui-là. L'exception empirique ne peut rien contre le concept, parce qu'on ne remonte pas de l'expérience à l'essence : sous prétexte que chaque cercle empirique est imparfait, devrait-on tenir pour imparfait le concept de cercle? De même, le concept de cercle ne résulte pas de la superposition statistique de cercles empiriques dont on prendrait par exemple la moyenne ou la ligne de régression qui en livreraient, par le seul miracle du calcul, la «vérité».

Une autre question est de savoir jusqu'à quel point un cercle empirique «déformé» est encore un cercle selon le concept. A strictement parler, aucun cercle empirique n'est un cercle, mais une approximation du cercle. La question est donc celle des limites de tolérance qu'on accorde à cette approximation, question que connaît bien l'industrie et qu'elle résout avec une rigueur plus ou moins grande selon à la fois son cahier des charges et la nature de ses équipements. Remarquons simplement que l'emploi des limites de tolérance constitue à sa manière une confirmation empirique de la justesse du concept. L'exactitude empirique n'est alors, forcément, qu'une exactitude relative.

Spinoza recourt aussi à l'image de la sphère : «Par exemple, écrit-il, pour former le concept d'une sphère, je forge une cause à volonté, à savoir qu'un demi-cercle tourne autour d'un centre et qu'une sphère est comme engendrée par cette rotation. Certes, cette idée est vraie et, bien que nous sachions que nulle sphère n'a jamais été engendrée de la sorte dans la Nature, c'est là cependant une perception vraie et le moyen le plus aisé de former le concept d'une sphère». On voit encore que cette formation conceptuelle d'une sphère n'a rien d'empirique au sens moderne, en ce sens qu'elle ne résulte pas d'une induction ou simplement d'une intuition qui aurait été ensuite vérifiée sur un échantillon d'exemples. Et cela apparaît très clairement lorsque Spinoza poursuit : «La fausseté consiste (...) en cela seul qu'il est affirmé d'une chose quelque chose qui n'est pas contenu dans le concept que nous avons formé de cette chose»[2].

Ce raisonnement, si on l'adopte, conduit à plusieurs conséquences touchant au statut des primitives dans un modèle cognitif.

Il apparaît tout d'abord qu'il ne s'agit pas de découvrir les primitives dans la nature à partir de multiples relevés (dont on peut se demander d'ailleurs ce qui les guiderait) qui seraient soumis ensuite à la mystérieuse opération d'induction. Symétriquement, il ne s'agit pas de se demander quelle est la «naturalité» d'une primitive, c'est-à-dire de la mettre à l'épreuve dans la nature, quitte à tenir alors l'exception empirique particulière pour plus vraie que le concept abstrait. Il s'agit de *poser* la primitive en fonction du jeu qu'elle est appelée à jouer dans un *modèle* dont les *applications* ne peuvent être infirmatives, mais seulement limitatives.

Revenons par ailleurs sur cette remarque essentielle de Spinoza, que l'idée de cercle, ne comportant ni centre ni périmètre, n'est pas un cercle. En généralisant, nous pouvons dire que la primitive n'a pas les mêmes propriétés que ce qu'elle permet de comprendre et/ou d'engendrer. Elle n'est pas ainsi un «modèle réduit» qui correspondrait point par point à son «original» empirique (puisque c'est elle, d'une certaine manière, l'original, et en tout cas l'original de conception). Elle est *ce qui permet à l'empirique de prendre une forme assignable*. On peut le saisir parfaitement sur un exemple simple, celui de la substitution. Parler des «Ritals» ou des «Macaronis» n'est pas la même chose que de parler des Italiens; des «Youpins» ou des «Youtres» que des Juifs; la détermination socio-linguistique est ici patente. Mais on ne doit pas oublier que dans tous ces cas, il existe d'abord la possibilité fonctionnelle élémentaire (et pourquoi ne pas dire primitive?) de substitution d'un symbole physique à un autre. La question du «choix», psychiquement et/ou socialement motivé, dans une classe paradigmatique ne se pose qu'ensuite : il faut d'abord que la substitution soit possible en tant que capacité cognitive de base. De même, que l'on range les Italiens parmi les «frères humains» ou parmi les «parasites nuisibles» suppose de toute façon la capacité d'établir une relation d'inclusion.

On voit comment il est possible de définir un ensemble plus ou moins différencié de primitives applicables à la compréhension des processus et des produits cognitifs. Supposons qu'il existe une relation (provisoirement indéterminée, une relation de similitude) entre deux éléments. Posons alors une primitive dans le sens établi ci-dessus : par exemple, l'un des deux termes peut désigner une classe dont l'autre terme désigne une sous-classe. Nous avons ainsi défini deux états de relation possibles : l'inclusion et la relation de similitude amputée de la relation d'inclusion. Nous pouvons alors définir une deuxième primitive, différente de la première, et obtenir ainsi trois états de relation, et ainsi de suite. Rien ne détermine *a priori* la finesse du modèle, qui dépendra grossièrement du nombre de primitives utilisées.

Une propriété caractéristique de la pensée sociale est que pour un couple donné (A, B) deux primitives ne sont pas nécessairement exclusives l'une de l'autre. Considérons par exemple l'énoncé : «les Italiens sont des étrangers». Il peut signifier à la fois que les Italiens appartiennent à la classe des étrangers dont ils constituent des représentants parmi d'autres (avec les Espagnols, les Allemands, etc.), et que les Italiens possèdent une qualité définitoire, intrinsèque, d'«étrangeté». Il s'agit d'inclusion dans le premier cas, non dans le second, et la valeur d'usage de ces deux acceptions n'est pas la même. La relation entre deux éléments est ainsi polyvalente ou, si l'on préfère, multiqualifiée, ce dont on peut s'assurer par un questionnaire standard[3]. Les primitives peuvent alors être considérées comme des valeurs potentielles de qualification d'une relation établie, plutôt que comme des classes de relation. En d'autres termes, elles décrivent chacune un aspect possible, dont seul le sujet peut attester la présence, d'une relation effective entre deux éléments.

LA REPRESENTATION DES ITALIENS

Admettons qu'on dispose d'une liste de primitives de qualification relationnelle et d'un ensemble d'items (mots isolés ou syntagmes) supposés correspondre à des éléments cognitifs. Considérons l'association effective de deux de ces items par un sujet. Opérationnellement, la technique la plus simple consiste à utiliser un item A comme inducteur et à recueillir l'item B comme induit dans une épreuve d'association verbale. L'ensemble des items est ainsi constitué à partir des réponses recueillies, ce qui permet d'éviter toute projection a priori de la part de l'analyste. Il en va presque de même lorsqu'on utilise un corpus d'énoncés déjà produits dans lesquels figurent A et B, à ceci près qu'on doit alors disposer de critères permettant l'extraction des B. Précisons à ce propos que la correspondance entre «unités cognitives» et «unités syntaxiques» n'a pas été recherchée dans ce qui suit parce qu'elle ne semblait pas nécessaire à ce stade, mais que des travaux récents[4] montrent la voie qui pourrait être suivie pour une application générale.

Chaque aspect de la relation qui lie A et B peut être traité comme un opérateur qui permet de passer d'un élément à l'autre (ou, si l'on veut, comme un joncteur associant pour une certaine valeur relationnelle un élément initial et un élément initié.) C'est pourquoi on parlera indifféremment dans ce qui suit de primitives ou d'opérateurs.

On retiendra ici comme élément de départ l'étiquette du quasi-concept «Italiens», objet de représentation sociale. La question que l'on se pose est donc de savoir quels éléments cognitifs sont activés à partir d'«Italiens» lorsqu'on utilise tel ou tel opérateur. La réponse à cette question, réitérée pour toutes les primitives disponibles, permet de caractériser la représentation des «Italiens» à la finesse de la liste de primitives près.

Moyennant certaines conditions formelles[5], ces opérateurs composent des familles qu'on appelle Schèmes Cognitifs de Base et qui constituent des primitives d'agencement de primitives. On définit ainsi, selon les opérateurs retenus et les familles qu'ils composent, une classe de modèles qui permettent d'analyser à différents niveaux les relations entre éléments cognitifs.

Dans sa version la plus utilisée, qui est aussi jusqu'à présent la plus nuancée, le modèle distingue cinq schèmes de base, désignés LEXIQUE, VOISINAGE, COMPOSITION, PRAXIE et ATTRIBUTION. On ne retiendra pas ici le schème COMPOSITION, qui s'applique aux objets matériels et aux entités abstraites pour en analyser les constituants (il conviendrait par exemple pour «la Compagnie des Salins», il ne convient pas pour «les Italiens»).

C'est cette version que l'on présente en même temps que son application au corpus des articles de presse et procès-verbaux utilisés précédemment, en donnant pour chaque opérateur définition et exemples.

LEXIQUE

Le schème LEXIQUE, qui est défini par un méta-connecteur d'équivalence/opposition entre items, comprend trois opérateurs, notés SYN, DEF et ANT.

L'opérateur SYN renvoie à un terme substituable, équivalent dans l'usage *ici et maintenant* pour les locuteurs ou les scripteurs considérés. Les Italiens sont ainsi désignés comme «macaronis» ou «christos», mais on parle aussi d'«ours» dans l'expression «chasse à l'ours» qui semble servir de cri de ralliement aux émeutiers[6].

L'opérateur DEF renvoie à un terme ou une expression définitoires du quasi-concept considéré. On rencontre ainsi, par exemple, «marchandise nuisible et frelatée»[7]. Ou encore : «après avoir été nos obligés, [les Italiens] sont devenus nos ennemis»[8].

L'opérateur ANT renvoie à un élément perçu comme contraire, opposé, antagoniste. Il s'agit ici, à l'évidence, des Français, dont on sait qu'ils ont précisément construit leur description des Italiens sur le mode des paires contrastées. Les journaux parlent par exemple couramment de «nos compatriotes» ou des «travailleurs nationaux».

On a ainsi, en retenant à chaque fois un seul exemple :
Italiens SYN Macaronis
Italiens DEF Ennemis
Italiens ANT Français

VOISINAGE

Le schème VOISINAGE comprend lui aussi trois opérateurs, notés TEG, TES et COL, qui permettent de décrire ensemble une structure attributive d'inclusion.

TEG renvoie à une classe d'appartenance plus large dont la caractérisation n'est évidemment pas indifférente. Ainsi les Italiens figurent parmi les «travailleurs étrangers» (cas n° 1). Ce pourrait être aussi «les travailleurs du sel» (cas n° 2) ou encore les «travailleurs saisonniers», qui comprennent également des Français.

TES est l'opérateur qui renvoie à une classe plus spécifique : certains Italiens sont «ouvriers du sel» (cas n° 1). Ou bien certains Italiens travaillent sur le chantier de La Fangouse (cas n° 2). Il convient de rappeler à ce propos que les agressions d'Aigues-Mortes ont épargné les Italiens sédentaires.

COL désigne une relation de co-inclusion et renvoie à une autre classe entretenant une relation TEG avec la même classe d'appartenance plus large. Par exemple, les «immigrés allemands» si TEG renvoie aux «travailleurs étrangers» (cas n° 1). Ou les «Ardéchois» si TEG renvoie aux «travailleurs du sel» (cas n° 2) ou aux «travailleurs saisonniers».

Dans l'ensemble du corpus examiné, le cas n° 1 apparaît beaucoup plus fréquemment que le cas n° 2, ce qui suffit déjà à nous renseigner sur un élément-pivot de la représentation. On a ainsi, typiquement :

Italiens TEG Travailleurs étrangers
Italiens TES qui sont ouvriers du sel
Italiens COL Autres travailleurs étrangers

PRAXIE

Le schème PRAXIE permet de décrire la structure générale de l'action. Il comprend douze[9] opérateurs obtenus par composition deux à deux des quatre composantes de la formule Acteur * Action * Objet * Outil, selon le tableau suivant :

	Acteur	*Action*	*Objet*	*Outil*
Acteur	–	OPE	TRA	UTI
Action	ACT	–	OBJ	UST
Objet	FAC	MOD	–	AOB
Outil	TIL	OUT	AOU	–

L'ordre A -> B étant conventionnellement fixé dans le sens ligne -> colonne, illustrons sur un exemple la fonction associative de ces opérateurs. On prendra ici une phrase par commodité synthétique, mais en rappelant qu'il ne s'agit pas d'analyse de discours. Soit, dans le contexte d'Aigues-Mortes : « Les ouvriers battent le sel avec une pelle ». On a :

Ouvriers OPE Battage
Ouvriers TRA Sel
Ouvriers UTI Pelle

et, par symétrie :

Battage ACT Ouvriers
Sel FAC Ouvriers
Pelle TIL Ouvriers

Soit encore : « Le battage du sel se fait avec une pelle ». On a :

Battage OBJ Sel
Battage UST Pelle
etc.

De même, avec « Les Italiens traquaient les Français » :

Italiens OPE Traquer
Italiens TRA Français
Traquer OBJ Français
(et Français MOD Traquer), etc.

Considérons seulement la première phase des événements telle que les journaux la rapportent et que les débats du procès, au moins partiellement, la confirment. Les Acteurs sont alors les Italiens et l'on considère la première ligne du tableau ci-dessus. Les Objets sur lesquels porte l'action de ces Acteurs (opérateur TRA) sont les Français. Les Actions qu'on impute aux premiers (OPE) composent une classe remarquablement homogène : ils « agressent », « attaquent », « jettent (des pierres) », « donnent des coups », « plantent un drapeau », « pourchassent », « traquent », etc. Ils « tuent » même, selon les rumeurs propagées en ville et dont les premières dépêches se font l'écho. Les Outils (UTI) les plus fréquemment cités pour commettre les agressions sont « le gourdin », « le manche de pelle », « la fourche » et « le couteau. »

ATTRIBUTION

Le schème ATTRIBUTION réunit sept opérateurs qui débouchent sur autant de classes d'attributs. On peut le représenter de la manière suivante :

	Nécessité	Typicité	Contingence
Caractérisation	CAR	FRE	SPE
Jugement	NOR	COS, EFF	EVA

Les trois premiers opérateurs (CAR, FRE, SPE) correspondent dans cet ordre à une échelle de caractérisation décroissante du quasi-concept considéré : A est toujours, souvent, parfois, caractérisable par B. Ainsi, les Italiens sont décrits régulièrement et sans exception (CAR) comme rudes à la tâche, frustes, se contentant de peu. Ils sont fréquemment (FRE) violents, vindicatifs, armés. Dans le cas particulier de l'affaire d'Aigues-Mortes, ils se sont montrés provocateurs (SPE), comme le souligne l'avocat général, reprenant en cela les déclarations de plusieurs témoins, dans son réquisitoire au procès d'Angoulême. Pour un journal au moins, c'était l'inverse, les Italiens ayant été, *en la circonstance*, victimes d'une provocation[10]; mais on le voit, il s'agit toujours d'un opérateur de spécification contingente SPE.

L'opérateur NOR renvoie à une attribution normative (que peuvent exprimer typiquement les formes verbales FALLOIR, DEVOIR, employées à l'affirmatif ou au négatif, quels que soient le temps et le mode). Les journaux de l'époque écrivent ainsi fréquemment que les Italiens devraient (doivent) se montrer reconnaissants pour la place qui leur a été faite par les ouvriers français sur le marché du travail.

L'opérateur EVA renvoie à un attribut de jugement évaluatif, qui peut être ou non auto-référé. Il s'exprime ainsi tendanciellement comme une attitude : «je les aime / je ne les aime pas, je suis pour / je suis contre», «c'est tout à fait juste / tout à fait injuste», etc. Un journaliste écrit par exemple : «Nos compatriotes (...) ont la main lourde, il est vrai, mais tant pis pour qui les provoque»[11]. On trouve dans cette phrase à la fois un jugement évaluatif de l'action des Français (ils ont eu «la main lourde») et un jugement évaluatif de ceux qui ont provoqué cette action (tant pis pour eux, les Italiens). Cet opérateur fournit aisément un nouvel exemple de la multiqualification caractéristique de la pensée sociale, y compris à l'intérieur d'un même schème : un individu qui a associé B à A peut considérer à la fois que «B est une caractéristique générale de A» (CAR) et que «B exprime son jugement personnel sur A» (EVA). Cette double position peut provenir en l'occurrence d'une inférence[12] : si B caractérise A et si je rejette ou soutiens et approuve B, alors je rejette ou soutiens et approuve A.

Enfin, les opérateurs COS et EFF renvoient complémentairement, le premier aux causes, motifs, raisons, le second à des prédicats de conséquence, d'effet ou de but, pouvant être rattachés par jugement au quasi-concept considéré. Il ne s'agit évidemment pas des conclusions d'une analyse à caractère scientifique, mais des éléments d'une perception d'ensemble de la réalité, motivée par la position relative des deux groupes. Par ailleurs, la pensée sociale ne tente pas de faire un inventaire exhaustif des causes et des conséquences du phénomène qui l'intéresse, elle se règle sur une exigence de typicité qui lui fait préférer une causalité simple et linéaire. Ainsi, les Italiens sont venus en France parce qu'ils étaient «chassés de chez eux par la faim» (COS), le résultat typique étant qu'ils viennent «prendre notre travail» et «manger notre pain» (EFF).

Cette brève analyse, purement qualitative, n'avait pour but que d'illustrer la présence et le rôle des opérateurs cognitifs «de base» dans la constitution des représentations. On voit à la fois comment la texture de celles-ci peut être différenciée et comment il est possible d'en fournir une description normalisée.

Le tableau simplifié suivant résume dans cette ligne la représentation sociale des «Italiens» à l'époque des événements d'Aigues-Mortes :

LEXIQUE

SYN : "macaronis", "christos", "ours"
DEF : parasites, "marchandise frelatée", "nos ennemis"
ANT : "nos compatriotes", "les travailleurs nationaux" (les Français)

VOISINAGE

TEG : les travailleurs étrangers / les travailleurs saisonniers
TES : les Italiens qui travaillent aux Salins
COL : les autres étrangers (Allemands dans les affiches parisiennes) / les autres saisonniers

PRAXIE
(pour la première phase des événements)

Acteurs : les Italiens
Objets : les Français
Actions : "attaquer, frapper, blesser, tuer", etc.
Outils : fourche, gourdins, couteaux...

ATTRIBUTION

CAR : rudes à la tâche, "se contentant de peu"
FRE : "violents" ou "vindicatifs"
SPE : "provocateurs"
NOR : "devraient se montrer reconnaissants"
EVA : tant pis pour eux
CAU : "chassés de chez eux par la misère"
EFF : "ils viennent prendre notre travail", "manger notre pain"

Nous manquons d'éléments de comparaison directs avec la perception que pouvaient avoir les Français[13] d'autres groupes nationaux, tant à la même époque qu'à une époque ultérieure. Ces comparaisons, outre le fait que l'instrumentation utilisée devrait être compatible, n'auraient de sens que pour des *positions semblables* des groupes en présence. Prétendre étudier, par exemple, l'évolution de la représentation de l'Italien est une abstraction nominaliste, parce que l'«Italien» n'est justement pas le même comme objet de connaissance d'une époque à l'autre ou d'un contexte à l'autre, et que ce n'est pas cet objet qui évolue par sa dynamique propre, mais les conditions qui amènent à le penser d'une certaine manière. Une indication en ce sens, sans doute proche de l'hypothétique noyau de la représentation qu'on vient de décrire, est donnée par l'inépuisable Charles Laurent dans *Le Matin* :

> «Je comprends encore qu'on ait des scrupules en face des pays voisins où nous envoyons autant de travailleurs que nous en recevons, l'Angleterre, par exemple, ou l'Espagne, ou la Belgique, mais l'Italie!»

Ce qui apparaît ici, c'est le rôle de l'imparité économique, topique et sociale entre les groupes, le rapport de domination qui place l'un, dans le réel du partage du travail et dans l'imaginaire de la comparaison culturelle, sous le regard condescendant de l'autre. Dès lors que ce rapport s'est atténué ou qu'il a disparu, la représentation doit nécessairement changer (pour cet objet en tout cas, car elle peut se reporter sans modification sensible sur un nouvel objet à propos duquel on trouverait un rapport semblable). Elle ne changera cependant pas n'importe comment, parce que des schèmes épistémiques, des propriétés structurales et un jeu d'opérateurs de conception la contraignent toujours. La mémoire collective, on l'a vu, en portera trace longtemps et confondra à son tour dans les mêmes catégories des groupes apparemment différents, mais en fait apparentés par leur position perçue. Une fois encore, entre la situation objective et ce que l'on prend pour ses effets s'intercalent des élaborations cognitives dont les ressources, et même les produits, s'avèrent remarquablement stables.

NOTES

[1] «Le processus d'ancrage consiste en l'incorporation de nouveaux éléments de savoir dans un réseau de catégories plus familières. (...) L'objectivation rend concret ce qui est abstrait, change le relationnel du savoir scientifique en image d'une chose» (Doise, 1990, p. 128 et 139).

[2] Spinoza, *Traité de la réforme de l'entendement*, § 41. In *Œuvres*, I, Paris : Garnier, 1964, traduction de Ch. Appuhn.

[3] On montre ainsi (Guimelli et Rouquette, 1992) que les relations établies à partir d'un élément du noyau d'une représentation sont plus polyvalentes, multiqualifiées, que celles établies à partir d'un élément de la périphérie.

[4] Ghiglione, Kekenbosch et Landré, 1995.

[5] *Cf.* Rouquette, 1994a.

[6] *Cf.* Barnabà, 1993, p. 64 *sq.*

[7] «... la marchandise nuisible et d'ailleurs frelatée qui s'appelle l'ouvrier italien.» (Ch. Laurent, *Le Matin*, passage cité).

[8] *La Liberté*, 19 août.

[9] Cette relation de composition est antisymétrique et non réflexive.

[10] «Nous savons que sur les chantiers les Italiens sont souvent turbulents et enclins à jouer du stylet et du couteau, mais dans le terrible conflit qui vient d'éclater aux Salines Fangouse, ce sont les Français qui paraissent avoir été les provocateurs» (*La Liberté*, 19 août 1893).

[11] Ch. Laurent, *ibid.*

[12] Sur les règles d'inférence, voir Rouquette, 1994a.

[13] Il est évident que l'on désigne ici les Français *impliqués* au sens que l'on a vu plus haut (chap. 8).

Conclusion

Malgré un naufrage, un tremblement de terre, un bel autodafé et le spectacle de multiples horreurs, malgré l'expérience répétée de l'injustice, Pangloss ne veut toujours pas se dédire et continue d'affirmer que tous les événements sont heureusement enchaînés dans le meilleur des mondes possibles. Revenu de ses surprises, Candide cultive, avec son jardin, l'indifférence. Tous les deux ont tort, sans doute, pour notre sensibilité ; le premier parce qu'il confond les événements avec la morale, le second parce qu'il prend pour morale de se soustraire aux événements. Ces deux positions nous sont devenues intenables. La nôtre, depuis l'héritage hégélien, serait plutôt de chercher à conformer les événements à la morale. Que nous n'y parvenions pas toujours, loin s'en faut, montre au moins une chose : notre ignorance des causes. Passe encore pour les catastrophes que l'on dit naturelles : la technique pourvoira de mieux en mieux à leur évitement, du moins jusqu'à un certain point. Mais qu'en est-il des conduites humaines ?

Nous devrions savoir que la parole seule n'a pas une grande influence si elle ne rencontre pas ce que ses destinataires tiennent pour la vérité du monde. Croire que les mots puissent par eux-mêmes changer autre chose que des mots est une des plus sûres persistances de la mentalité magique. Ainsi, la propagation du discours moral peut avoir un effet éventuel sur le discours de la morale, pas sur les causes objectives de ce que cette morale condamne ni sur les conditions pratiques de ce qu'elle cherche à promouvoir. Ou alors il faudrait admettre que les gens se conduisent toujours pour des raisons morales réfléchies, ce qui n'est évidemment pas le cas. Ils se conduisent comme ils le font parce qu'une configuration socio-cognitive les y pousse, pour le meilleur ou pour le pire, et c'est d'ailleurs la même chose lorsqu'ils deviennent les militants déclarés d'un combat moral. Cette configuration n'est pas perçue comme telle, car la prise de conscience de son historicité, perçue comme une relativité, en diminuerait l'emprise. On préfère la confondre avec une valeur intemporelle, c'est-à-dire avec une *fin* de l'Histoire, dans tous les sens du terme.

De leur point de vue, les acteurs du quotidien et de la crise n'agissent jamais en *méconnaissance* de cause (même s'ils peuvent agir, concédons-le, en méconnaissance d'effet). Ce qu'ils font, dans la fureur ou dans le calme, sous l'empire de la passion ou en y mettant les formes de la délibération, dépend de leur vision du monde. Leurs crimes éventuels, leurs débordements et leurs excès ont toujours leurs raisons affichées et leurs évidences premières : la poursuite du bien commun ici, le rétablissement de la justice là, l'obéissance ailleurs. On ne tue pas pour rien. Et c'est pourquoi le désordre de la société manifeste à sa manière un ordre de la connaissance.

Abandonnons une fois pour toutes ces images stériles, parce qu'elles sont impuissantes, de la folie temporaire qui s'emparerait soudain des hommes, du déréglement accidentel des institutions ou du volcanisme des pulsions. Il faut cesser aussi de traiter les croyances comme si elles ne communiquaient pas entre elles, et les prises de position comme si elles dépendaient seulement des contingences de l'instant. Les membres d'un groupe pensent leurs rapports aux autres avec les outils et les habitudes dont ils ont hérité et qu'ils approprient aux situations selon le célèbre «bricolage» que l'on sait. Mais il ne faut pas oublier que le bricolage lui-même a des règles, à la fois cognitives et sociales, que l'on retrouvera dans un nombre indéterminé d'applications. Ces outils et leur mode d'emploi contextualisé définissent la pensée sociale.

Celle-ci possède d'abord une architecture dont les niveaux principaux sont constitués par les idéologies, les représentations et les attitudes, au-delà desquelles encore, viennent les opinions.

Ce qui arme cette architecture est à la fois un principe génétique de dérivation et un principe transversal de compatibilité : d'une part les représentations sociales dérivent des idéologies et les attitudes des représentations sociales; d'autre part, et pour cette raison même, l'idéologie est ce qui rend compatibles un ensemble de représentations, la représentation ce qui rend compatibles un ensemble d'attitudes. Ces deux principes ont des conséquences opératoires : il existe un lien de dépendance entre les attitudes procédant d'une même représentation, comme il en existe un entre les représentations procédant d'une même idéologie; ainsi, le «travail» sur une attitude ou sur une représentation concerne toujours en fait une pluralité d'attitudes ou de représentations. La dénonciation du racisme serait une œuvre vaine si elle n'en tenait pas compte et centrait seulement son action sur son objectif immédiat. Par ailleurs, une nouvelle attitude ou une nouvelle représentation ne sont possibles, ne sont à strictement parler, *concevables* et recevables que si elles s'accordent avec les attitudes ou les représentations déjà installées.

Si l'on convient de placer les idéologies au sommet de cet édifice, la variabilité interindivinduelle, qui fascine tellement les formes dominantes de notre culture au point qu'elle la transforme en valeur, augmente à chaque étage que l'on descend. Prenons à la base un ensemble d'opinions exprimées avec toute la diversité qu'on voudra; ces opinions peuvent être rattachées à un moins grand nombre d'attitudes et ces attitudes, à leur tour, dérivent d'un nombre encore moins grand de représentations sociales, lesquelles dérivent d'un très petit nombre d'idéologies.

De même la temporalité, autre nom de l'Histoire dans toutes ses figures, rend apparente cette hiérarchie : les opinions sont plus labiles et réformables que les attitudes, celles-ci que les représentations sociales et les représentations sociales, à leur tour, que les idéologies. On peut retourner des opinions, infléchir ou moduler des attitudes en y mettant les moyens; mais pour que les représentations soient touchées, il faut que l'environnement s'en mêle dans ce qu'il a de plus contraignant sur les pratiques. On devrait là aussi s'aviser de ce que le racisme n'est pas seulement affaire d'opinion, ce qui peut être une remarque tantôt encourageante et tantôt pessimiste.

Sur la très longue durée d'une culture, la *mise en œuvre* des idéologies, des représentations et des attitudes mobilise des ressources cognitives qui transcendent les contenus particuliers : ce sont, pour autant que nous puissions aujourd'hui en reconnaître quelques unes, les schèmes épistémiques, l'économie des opérateurs de relation et cette construction générale des mondes politiques dont on a essayé de décrire les coordonnées. Toutes ces ressources contraignent la pensée en lui donnant une forme dans laquelle la conception se distingue rarement de la réalité, l'opinion de la certitude et le consensus de la vérité. La raison ne fait peut-être pas de progrès, la déraison se contente de changer de masque.

Requis par l'urgence, pris dans l'affiliation, héritiers de monuments, d'institutions et d'outils dont l'arbitraire nous échappe, nous poursuivons une aventure sans pouvoir l'arrêter. A chaque instant l'horizon visible semble absorber la totalité du monde ; puis, lorsque nous l'avons dépassé, nous oublions ce qu'il était, mais notre équipement ne change guère : c'est de cela, peut-être, que nous doutons le moins. Un incident, parfois, nous amène à le scruter pour en établir l'inventaire, en détailler les propriétés, en vérifier l'usage. Ce que nous découvrons alors n'augmente pas nécessairement notre confort psychologique. Rien n'a changé au fond, tout est en place. Qui va parier que les événements d'Aigues-Mortes ne se reproduiront jamais plus ? Dans leur détail, certes. Mais dans leur *sens*, c'est-à-dire dans les formes de la connaissance quotidienne qui les ont rendus possibles ?

Annexe

On a cité à plusieurs reprises un document manuscrit qui est encore aujourd'hui en circulation, ou du moins en consultation, à Aigues-Mortes. Pour l'essentiel, ce texte de six pages collige sans aucune indication de provenance des extraits de journaux (en particulier *Le Petit Méridional*, qui utilisait encore le calendrier révolutionnaire pour dater ses livraisons). Ce texte est un véritable monument de la mémoire collective. Savoir si ce monument est plus ou moins visité constitue une autre question. Il rend disponible en tout cas une version écrite des faits et de certains de leurs prolongements à laquelle les curieux peuvent se reporter. La Bibliothèque municipale détient de son côté un cahier manuscrit, intitulé «La bagarre des Italiens», qui reproduit les compte-rendus du procès tels qu'ils furent publiés par le même *Petit Méridional*.

Ce qui fait tout l'intérêt, pour notre propos, du premier document, c'est qu'il est composé d'une sélection d'extraits qu'on ne peut manquer de juger révélatrice. En effet, cette sélection fixe un certain nombre de points que l'on a retrouvés dans les entretiens : la provocation initiale menée par les Italiens, le beau rôle des Aigues-Mortais, la rumeur concernant le nombre de victimes, l'anecdote de Farinacci, etc.

Voici ce document reproduit dans son intégralité. On a scrupuleusement respecté la disposition et l'orthographe de l'original.

L'affaire d'Aiguesmortes
ou
La Bagarre des Italiens

8 Nivose AN 102 (1893)

Les accusés

Giordano Giovani	24 ans	(Italien)
Constant Joseph Francois	34 ans	(francais)
Rouet Jean dit l'Albinos	50 ans	"
Blanc Florentin (Vendéen)	27 ans	"
Buffart Philippe dit le Kroumir	30 ans	"
Jules Louis	17 ans	"
Sabatier Gédéon	29 ans	"
Joubert Prosper Casimir Adrien	50 ans	"
Bernier Petrus	19 ans	"
Vidal Jean Paul	35 ans	"
Lotte Félix	36 ans	"
Baugé Lazare	25 ans	"
Le Cleach Jacques (Le Breton)	32 ans	"
Dancausse Etienne Antoine	22 ans	"
Nouvier Louis Alexandre	28 ans	"
Lauthier Auguste	29 ans	"
Barbier Ferdinand Fulbert	16 ans 1/2	"

Grief des Aiguesmortais

On manquait d'eau dans les Salins comme dans la ville et les environs. Des puits d'eau saumâtre 8 mois l'année alimentaient la contrée. Des bariques d'eau potable etaient arimées sur des charettes que des mules amenaient dans les salins. Les Italiens rincaient leurs bas d'herbage et lavaient même leur linge a même le tonneau des français.

Grief des Italiens

Les français étaient des tire au flanc qui ne remplissaient jamais leurs brouettes de sel et gaspillaient l'eau pour leur toilette.
De cet etat d'esprit ou la vulgarité la hargne de certains le disputait a la suffisance et l'arrogance des autres jaillit l'etincelle qui provoqua des disputes des heurts, des bagarres et enfin des meurtres.

Déposition du Brigadier Laporte

Le brigadier Laporte relate les incidents de la Fangouse «J'ai vu Constant marchant en tête armé d'un fusil. Plus tard je l'ai revu tirant 3 ou 4 coups de fusil sur des ouvriers Italiens cachés dans le fossé du chemin de quarante sols. Nous avons retiré 2 morts. Blanc frappait comme tout le monde a la Fangouse (mas situé près des salins au bord du canal de Pècais). de même Biblemont.
Tous etaient tres surexites et criaient vengeance car les Italiens les avaient attaqués a 2 contre 1 pendant la sieste puis les avaient bombardés a coup de tuiles lorsqu'ils s'etaient refugiés dans un local servant d'ecurie. Enfin les Italiens avaient hissé un drapeau aux couleurs de la maison de Savoie sur

le sommet de la camelle (tas de sel en forme de pyramide trapézoïdale) Loubet, Pétrus, Bernier Lotte sont également reconnu par le Brigadier pour s'etre defendu avec des fourches et des couteaux. Le Cleach etait porteur d'un marteau de forgeron.

Le Gendarme Trescal affirme avoir vu Clèment en face la maison Granier (a quarante sols chemin bas) qui penetrait a travers les chevaux et s'elançait sur les Italiens qu'il frappait avec violence. Toute la populace criait «A mort les Italiens il faut les tuer». Rouger dans une deposition ecrite accuse Constant d'avoir tiré sur les Italiens

---

Gedéon Sabatier et Adrien Joubert avec 3 camarades qui avaient reussi a s'enfuir dés l'attaque premeditée des Italiens ont apporté a Aigues-Mortes la nouvelle des troubles qui s'etaient produits le 16 aout 1893
(Le 81e de Ligne envoya un detachement en renfort a Aiguesmortes qui fut mis en etat de siege.)
Le lendemain ils faisaient partie de la bande qui revenait à la «Fangouse» le 19 ils revinrent a Aiguesmortes annoncer que 300 Italiens faisaient un retour offensif vers la ville. Ce fut le debut du massacre.
Lotte, un boiteux frappait avec un baton les victimes tombèes dans le canal ou dans l'Etang.
Petrus Bernier est accusé d'avoir commandé le siege du local ou s'enfermèrent les Italiens.
Buffart dit le Kroumir a achevé a coup de trique 2 Italiens blessés pres des remparts.

Advenier, vice-consul d'Italie a Aiguesmortes depose que malgré les requisitions du prefet du Gard on ne put reussir a faire ouvrir la maison Granier pour y mettre a l'abri les Italiens pourchassés. Le temoin a vu Lautier qui lancait des pierres sur les Italiens acculés contre le portail de la maison Granier. Le temoin Astier, etudiant, dit avoir vu un individu vetu d'une chemise rose et d'un bonnet rouge tirer des coups de revolver sur les Italiens. Le Brigadier Grueyat a vu Blanc à la Fangouse tuer un Italien a coup de baton.

Le Capitaine de Gendarmerie Cabley raconte les scènes de désordre. Les douaniers ont passé la nuit a proteger la Boulangerie de la Veuve Fontaine ou s'etaient refugies un grand nombre d'Italiens. Le lendemain 23 les gendarmes reussirent a les accompagner a la gare.
Le maire d'Aiguesmortes le Docteur Monnier reussit a mettre a l'abri une centaine d'Italiens dans la Tour de Constance. Les sœurs de l'Hotel Dieu Sœur Marie Saint Jacques en tête leur prodiguerent leurs soins avec courage et abnégation. 25 gendarmes les firent ensuite prendre le chemin d'Arles ou ils se rassemblerent tandis que le nomme Mause leur portait une forte somme representant leur paye générale.
Le dernier temoin entendu est l'abbé Maugé curé d'Aiguesmortes ancien aumonier des bataillons d'Afrique qui connaissant bien la mentalité et les reactions des aventuriers et des declassés sut avec tac et doigté au peril de sa vie concilier les inconciliables administrant les mourants, soignant les blesses et ébergeant les rescapés. Il facilite avec le concours des Italiens d'origine etablis depuis des dizaines d'annees au Grau du Roi a faciliter leur fuite vers Cette

Il raconte les scènes sanglante. Il dit l'exaltation des ouvriers. Il ajoute qu'il est resté au milieu de la bagarre pour donner les secours de la religion aux mourants et les soins aux blessés.
2 Italiens furent tués dans la Boulangerie Fontaine 1 contre les remparts coté Nord-Est _ 8 furent massacrès à la Fangouze. Mais des dizaines s'enlisèrent dans les etangs en essayant de s'enfuir et comme le mutisme le plus complet succeda à la furia des premiers jours nul ne put denombrer le nombre exact des victimes tant du coté des Italiens, des Ardéchois descendus comme chaque année de leurs Cevennes natales comme du coté des nombreux «trimards» et repris de justice camouflés pour un temps en cette periode de promiscuité saisoniere du levage du sel. Travail harassant mais remunerateur pour l'epoque.

Le verdict

11 nivose An 102   Limoges 31 Decembre 1893

Apres 2 heures de deliberation la cour au milieu du silence général prononce l'acquittement des accusés 2 ou 3 applaudissements aussitôt rèprimes. L'audience est levée à 4 heures. Une altercation assez vive s'est produite entre plusieurs defenseurs et quelques journalistes parisiens qui avaient exprimé une opinion peu favorable a ce verdict.

Les Journaux

«La Libre Parole» : Il n'est plus douteux pour personne que ce ne soient les Italiens qui aient été les agresseurs. Les ouvriers francais faisaient paisiblement la sieste lorsqu'ils ont été assaillis par une bande d'Italiens qui superieurs en nombre ont eu assez facilement raison d'adversaires surpris et desarmés. Les Italiens avaient commencé les français ont fini.
Le lendemain exasperès d'etre ainsi attaqués par des vagabonds qui etaient venu s'asseoir a notre foyer et reclamer humblement du pain en échange du travail qu'on refuse souvent aux ouvriers français ils se sont ruès sur ceux qui les avait frappes la veille et le sang a coulé.
Je n'excuse point les meurtres qui ont été commis. Je constate. Des crimes ont été commis de part et d'autre
Or devant la cour d'assise il y a un seul accusé italien pour 15 accusés français. En attendant qu'ils nous mitraillent avec des canons que nous avons payés les Italiens commencent deja à égorger les travailleurs français qui ont serré les rangs pour faire place a des etrangers qui mouraient de faim dans leur pays.
Cette plaisanterie est un peu lugubre et si elle se prolongeait elle risquerait de finir tragiquement Si les Italiens veulent du travail qu'ils aillent travailler pour le Roi de Prusse puisqu'ils l'ont choisi pour ami!

Consulat d'Italie   30 Juin 1901

Monsieur le Prefet du Gard vient d'informer les sous-prefets maires commandants de gendarmerie et commissaire de Police du Gard que le Gouvernement Italien a transferé a Nimes le siege de l'Agence consulaire royale qui jusqu'ici etait etabli à Aiguesmortes.

Recompense bien meritee   17 mars 1895

La famille de l'honorable Monsieur Gouley preposé a l'inscription maritime a reçu du Gouvernement le diplome suivant et une medaille d'honneur en argent en recompense de la noble attitude de feu madame Gouley lors des troubles qui eurent lieu a Aiguesmortes en Aout 1893 entre ouvriers français & Italiens.

Au nom du President de la Republique Le Ministre secretaire d'etat au departement de l'interieur a decerné une medaille d'honneur en argent de 2e classe a Mme Gouley qui s'est exceptionnellement distinguée le 17 aout 1893 a Aiguesmortes (Gard) en protegeant au peril de sa vie un homme sur le point d'etre lapidé par une foule furieuse. Nous regrettons qu'une mort prematurée soit venu enlever a l'affection des siens cette courageuse citoyenne. Fasse cette recompense si noblement gagnée soit un doux souvenir pour son inconsolable famille.
Le President du Conseil
Ministre de l'Interieur et des Cultes
Signé Ch. Dupuy

Longtemps après ces emeutes les Italiens n'osaient s'installer a Aiguesmortes. Puis l'oubli se chargea de legendes et la rancœur fit place a la cooperation amicale.
Pourtant lors de la guerre 1939-45 Farinacci ministre Italiens de Mussolini menaça Aiguesmortes de represailles en souvenir de ce qu'il qualifiait de lache attentat confirmant en cela la fable de la paille et de la poutre dans l'œil.
Lors des terrassements pour agrandir le Salin du Roy Mr Biron geometre et ses aides Jean Vidal et Auguste Guibert mirent a jour des crânes vraissemblablement d'Italiens enlisés. De même Joseph Tournaire et Raymond Lasserre en cherchant le souterrain du Fort de Peccais mirent a jour un squelette qui pourrait être une victime de cette lamentable affaire qu'une direction intelligente aurait pu eviter -

Références

Abric J.C. (1984), L'artisan et l'artisanat : analyse du contenu et de la structure d'une représentation sociale, *Bulletin de Psychologie*, n° 366, 861-875.

Abric J.C. (1987), *Coopération, compétition et représentations sociales*, Cousset : DelVal.

Abric J.C. (1994), L'organisation interne des représentations sociales : système central et système périphérique, *In* C. Guimelli (Ed.), *Structures et transformations des représentations sociales*, 73-84, Neuchâtel, Delachaux et Niestlé.

Abric J.C. (1994b) (Ed.), *Pratiques sociales et représentations*, Paris : Presses Universitaires de France.

Allport F.H. et Lepkin M. (1945), Wartime Rumors of Waste and Special Privilege : why some people believe them, *Journal of abnormal and social psychology*, XL, 3-36.

Allport et Postman (1945), *The basic psychology of rumor*, Trad. franç. in A. Lévy (1968), *Textes fondamentaux de psychologie sociale*, 170-185, Paris : Dunod.

Arendt H. (1989), *Du mensonge à la violence*, Paris : Presses Pocket (première édition française : Calmann-Lévy, 1972).

Augé M. (1994), *Pour une anthropologie des mondes contemporains*, Paris : Aubier.

Banchs M.A. (1994), Desconstruyendo una deconstrucción, *Papers on Social Representations*, 3 (1), 52-74.

Barnabà E. (1990), Aigues-Mortes, una tragedia dell'emigrazione italiana in Francia, *in* J.C. Vegliante (Ed.), *Gli Italiani all'estero*, 45-83, Paris : Publications de la Sorbonne nouvelle.

Barnabà E. (1993), *Le sang des marais. Aigues-Mortes 17 août 1893, une tragédie de l'immigration italienne*, Marseille : Editions Via Valeriano.

Bastide R. (1960, rééd. 1995), *Les religions africaines au Brésil*, Paris : Presses Universitaires de France.

Beauvois J.L. (1994), *Traité de la servitude libérale*, Paris : Dunod.

Beauvois J.L. et Joule R.V. (1981), *Soumission et idéologies. Psychosociologie de la rationalisation*, Paris : Presses Universitaires de France.

Beauvois J.L. et Joule R.V. (1982), Dissonance versus self-perception theories : a radical conception of Festinger's theory, *Journal of Social Psychology*, *117*, 99-113.

Berger P. et Luckmann T. (1986, trad. franç.), *La construction sociale de la réalité*, Paris : Méridiens Klincksieck.

Bertone A., Mélen M., Py J. et Somat A. (1995), *Témoins sous influences. Recherches de psychologie sociale et cognitive*, Grenoble : Presses Universitaires de Grenoble.

Boudon R. et Clavelin M. (Eds) (1994), *Le relativisme est-il résistible ? Regards sur la sociologie des sciences*, Paris : Presses Universitaires de France.

Brohm J.M. (1983), *Les meutes sportives. Critique de la domination*, Paris : L'Harmattan.

Campion-Vincent V. (Ed.) (1992), *Des fauves dans nos campagnes. Légendes, rumeurs et apparitions*, Paris : Imago.

Campion-Vincent V. et Renard J.B. (1992), *Légendes urbaines. Rumeurs d'aujourd'hui*, Paris : Payot.

Cantril H. (1941), *The psychology of social movements*, New York : Wiley.

Capozza D., Robusto E., Squarza R. et De Carlo N. A. (1995), La représentation sociale de l'argent, *Textes sur les Représentations Sociales*, 4 (1), 85-104.

Clémence A., Doise W. et Lorenzi-Cioldi F. (1994), Prises de position et principes organisateurs des représentations sociales, *in* C. Guimelli (Ed.), *Structures et transformations des représentations sociales*, 119-152, Neuchâtel : Delachaux et Niestlé.

Cobb R. (1989), *La protestation populaire en France. 1789-1820*, Paris : Presses Pocket (Première édition anglaise : Oxford University Press, 1970; trad. franç. : Calmann-Lévy, 1975).

D'Angelo L. (1976), L'eccidio di Aigues-Mortes e le sue ripercussioni in Italia e in Francia, *Critica Storica*, XIII, n° 3, 78-123.

De Soto C. et Albrecht F. (1968), Cognition and social orderings, *in* R.P. Abelson et coll., *Theories of cognitive consistency*, 531-538, Chicago : Rand Mc Nally.

Doise W. (1990), Les représentations sociales, *in* R. Ghiglione, C. Bonnet et J.F. Richard, *Traité de psychologie cognitive*, t. 3, 111-174, Paris : Dunod.

Doise W. (1993), *Logiques sociales dans le raisonnement*, Neuchâtel : Delachaux et Niestlé.

Domergue R. (1990), *La rumeur de Nîmes*, Nîmes : Lacour.

Dumas A. (1875, rééd.), *Impressions de voyage. Le Midi de la France*, t. II, Paris : Michel Lévy.

Durkheim E. (rééd. 1973), *De la division du travail social*, Paris : Presses Universitaires de France.

Flament C. (1981), L'analyse de similitude : une technique pour les recherches sur les représentations sociales, *Cahiers de psychologie cognitive*, 1, 375-385.

Flament C. (1989), Structure et dynamique des représentations sociales, *in* D. Jodelet (Ed.), *Les représentations sociales*, 204-219, Paris : Presses Universitaires de France.

Flament C. (1994a), Le Plaisir et la Rémunération dans la représentation sociale du Travail, *Cahiers Internationaux de Psychologie Sociale*, n° 23, 61-69.

Flament C. (1994b), Structure, dynamique et transformation des représentations sociales, *in* J.C. Abric (Ed.), *Pratiques sociales et représentations*, 37-57, Paris : Presses Universitaires de France.

Flament C. (1994c), Aspects périphériques des représentations sociales, *in* C. Guimelli (Ed.), *Structures et transformations des représentations sociales*, 85-118, Neuchâtel : Delachaux et Niestlé.

Ghiglione R. (1986), *L'homme communiquant*, Paris : Colin.

Ghiglione R., Kekenbosch C. et Landré A. (1995), *L'analyse cognitivo-discursive*, Grenoble : Presses Universitaires de Grenoble.

Guimelli C. (1989), Pratiques nouvelles et transformation sans rupture d'une représentation sociale : la représentation de la chasse et de la nature, in J.L. Beauvois, R.V. Joule et J.M. Monteil, *Perspectives cognitives et conduites sociales*, t. 2, 117-138, Cousset : DelVal.

Guimelli C. (1994a), La fonction d'infirmière. Pratiques et représentations sociales, in J.C. Abric (Ed.), *Pratiques sociales et représentations*, 83-107, Paris : Presses Universitaires de France.

Guimelli C. (1994b), Transformation des représentations sociales, pratiques nouvelles et schèmes cognitifs de base, in C. Guimelli (Ed.), *Structures et transformations des représentations sociales*, 171-198, Neuchâtel : Delachaux et Niestlé.

Hocquet J.C. (1985), *Le sel et le pouvoir, de l'An Mil à la Révolution française*, Paris : Albin Michel.

Iturriaga de la Fuente J. (1988), *Anecdotario de viajeros extranjeros en México. Siglos XVI-XX*, Mexico : Fondo de Cultura Economica.

Jodelet D. (Ed.) (1989a), *Les représentations sociales*, Paris : Presses Universitaires de France.

Jodelet D. (1989b), *Folies et représentations sociales*, Paris : Presses Universitaires de France.

Jodelet D. (1992), Mémoire de masse : le côté moral et affectif de l'histoire, *Bulletin de Psychologie*, XLV, 239-256.

Kapferer J.N. (1987), *Rumeurs. Le plus vieux média du monde*, Paris : Editions du Seuil.

Knapp R.H. (1944), A Psychology of Rumor, *Public Opinion Quarterly*, 22-37.

Lahlou S. (1995), *Penser Manger*, Thèse de doctorat, Paris : EHESS.

Latour B. (1994), Sociologie des sciences, analyse des risques collectifs et des situations de crise. Séminaire du programme Risques Collectifs et Situations de Crise. Actes de la première séance. CNRS.

Lee H.K. (1995), *Psychologie sociale de la « coréanité » et la notion du Han*, Thèse de doctorat, Paris : EHESS.

Lemaine G. (1980), Science normale et science hypernormale. Les stratégies de différenciation et les stratégies conservatrices dans la science, *Revue française de Sociologie*, 21, 499-527.

Leroi-Gourhan A. (1971), *L'homme et la matière*, Paris : Albin Michel.

Leroy Beaulieu A. (1892), Les Juifs et l'antisémitisme. IV. - Le génie juif et l'esprit juif, *Revue des deux mondes*, 15 décembre, 758-801.

Lévi-Strauss C. (1974; 1re éd. 1958), *Anthropologie structurale*, Paris : Plon.

Leyens J.P., Yzerbyt V. et Schadron G. (1994), *Stereotypes and social cognition*, Londres : Sage Publications (trad. franç. Mardaga, 1996).

Maitron J. (1964), *Ravachol et les anarchistes*, Paris : Julliard.

Mamontoff A.M. (1996), Transformation de la représentation sociale de l'identité et schèmes étranges : le cas des Gitans, *Cahiers Internationaux de Psychologie Sociale*, n° 29, 64-77.

Milza P. (1979), Le racisme anti-italien en France. La « tuerie d'Aigues-Mortes » (1893), *L'Histoire*, n° 10, 23-31.

Moliner P. (1989), Validation expérimentale de l'hypothèse du noyau central des représentations sociales, *Bulletin de Psychologie*, XLII, 759-762.

Moliner P. (1996), *Images et représentations sociales*, Grenoble : Presses Universitaires de Grenoble.

Morin M., Obadia Y., Moatti J.P. et Souville M. (1995), Commitment, value conflicts and role strains among French GPs in care for HIV positive patients, *AIDS Care*, 7, Supplement 1, 79-84.

Moscovici S. (1961), *La psychanalyse, son image et son public*, Paris : Presses Universitaires de France.

Moscovici S. (1985), *L'âge des foules*, Bruxelles : Editions Complexe.

Moscovici S. et Vignaux G. (1994), Le concept de thêmata, *in* C. Guimelli (Ed.), *Structures et transformations des représentations sociales*, 25-72, Neuchâtel : Delachaux et Niestlé.

Namer G. (1987), *Mémoire et société*, Paris : Méridiens Klincksieck.

Nathan J. (1971), *La littérature du métal, de la vitesse et du chèque de 1880 à 1930*, Paris : Didier.

Pagès R. (1987), Navettes d'échelles en socio-psychologie politique, *Bulletin de Psychologie*, XL, 233-250.

Perron T. (1995), L'image de l'ouvrier italien dans le cinéma français des années 30 aux années 50, *in* A. Bechelloni, M. Dreyfus et P. Milza (Eds), *L'intégration italienne en France*, 155-170, Bruxelles : Editions Complexe.

Perrot M. (1974), *Les ouvriers en grève (1870-1900)*, Paris : Mouton.

Peterson W.A. et Gist N.P. (1951), Rumor and Public Opinion, *American Journal of Sociology*, 57, 159-167.

Prasad J. (1950), A comparative study of rumors and reports in earthquakes, *British Journal of Psychology*, 41, 129-144.

Ramos J.M. (1994), La méthode des spécificités appliquée aux objectivations du temps représenté, *Textes sur les Représentations Sociales*, 3 (1), 75-84.

Rancière J. (1992), *Les mots de l'histoire*, Paris : Editions du Seuil.

Rateau P. (1995), Le noyau central des représentations sociales comme système hiérarchisé. Une étude sur la représentation du groupe, *Cahiers Internationaux de Psychologie Sociale*, n° 26, 29-52.

Reitman W.R. (1964), Heuristic Decision Procedures, Open Constraints and the Structure of Ill-Defined Problems, *in* M.W. Shelley et G.L. Bryan (Eds), *Human Judgments and Optimality*, 282-315, New York : Wiley.

Romano S. (1977), *Histoire de l'Italie du Risorgimento à nos jours*, Paris : Editions du Seuil.

Rouquette M.L. (1973a), La pensée sociale, *in* S. Moscovici (Ed.), *Introduction à la psychologie sociale*, 2, 298-328, Paris : Larousse.

Rouquette M.L. (1975), *Les rumeurs*, Paris : Presses Universitaires de France.

Rouquette M.L. (1979), La résolution des problèmes mal définis, *Bulletin de Psychologie*, XXXII, 697-700.

Rouquette M.L. (1985), Contrainte et spécification en psychologie : 2. L'invention de l'interférence, *Bulletin de Psychologie*, XXXVIII, 929-932.

Rouquette M.L. (1990), Le syndrome de rumeur, *Communications*, n° 52, 119-123.

Rouquette M.L. (1992), *La rumeur et le meurtre*, Paris : Presses Universitaires de France.

Rouquette M.L. (1994a), Une classe de modèles pour l'analyse des relations entre cognèmes, *in* C. Guimelli (Ed.), *Structures et transformations des représentations sociales*, 153-170, Neuchâtel : Delachaux et Niestlé.

Rouquette M.L. (1994b), *Sur la connaissance des masses*, Grenoble : Presses Universitaires de Grenoble.

Rouquette M.L. (1994c), *Chaînes magiques. Les maillons de l'appartenance*, Neuchâtel : Delachaux et Niestlé.

Rouquette M.L. (1995), *La créativité*, 5ᵉ édition, Paris : Presses Universitaires de France.

Schank R.C. et Abelson R.P. (1977), Scripts, plans and knowledge, *in* P.N. Johnson-Laird et P.C. Wason, *Thinking*, 421-432, Cambridge : Cambridge University Press.

Sighele S. (1892), *La foule criminelle. Essai de psychologie collective*, Paris : Alcan.

Simon H.A. (1973), The structure of ill-structured problems, *Artificial Intelligence*, *4*, 181-201.

Sinha D. (1952), Behavior in a catastrophic situation : a psychological study of reports and rumors, *British Journal of Psychology*, *43*, 200-209.

Stoetzel J. (1963), *La psycchologie sociale*, Paris : Flammarion.

Strauss L. (1989, trad. franç.), *La persécution et l'art d'écrire*, Paris : Presses Pocket, coll. Agora (Première édition en anglais : 1952).

Temime E. (1995), Un aperçu d'ensemble de l'intégration des Italiens dans le Sud-Est méditerranéen. Les traits originaux d'une migration de longue durée, *in* A. Bechelloni, M. Dreyfus et P. Milza (Eds), *L'intégration italienne en France*, 229-237, Bruxelles : Editions Complexe.

Valbert, G. (1892), La théorie d'un positiviste italien sur les foules criminelles, *Revue des Deux Mondes*, 1er novembre, 202-213.

Variot J. (1935), *Propos de Georges Sorel*, Paris : Gallimard.

Vegliante J.C. (1995), Représentations, expressions (un aperçu d'ensemble sur la culture italienne immigrée en France), *in* A. Bechelloni, M. Dreyfus et P. Milza (Eds), *L'intégration italienne en France*, 107-122, Bruxelles : Editions Complexe.

Vergès P. (1992), L'évocation de l'argent : une méthode pour la définition du noyau central d'une représentation, *Bulletin de Psychologie*, n° 405.

Veyne P. (1983), *Les Grecs ont-ils cru à leurs mythes ?*, Paris : Editions du Seuil.

Vidal D. (1987), *Miracles et convulsions jansénistes au XVIIIe siècle. Le Mal et sa connaissance*, Paris : Presses Universitaires de France.

Wagner W. (1994), The Fallacy of Misplaced Intentionality in Social Representation Research, *Journal for the Theory of Social Behaviour*, 24 : 3, 243-265.

Windisch U. (1982), *Pensée sociale, langage en usage et logiques autres*, Lausanne : L'Age d'Homme.

Windisch U. (1983), Le temps : représentations, archétypes et efficacité du discours politique, *Cahiers internationaux de sociologie*, LXXV, 263-282.

Index des notions

Domaines de compatibilité, 122-124

Idéologie, 97, 125, 138, 162, 163
Implication, 110-113, 115, 117, 118
Imputation, 120-122

Listes opératoires, 22-29, 68

Mondes politiques, 104-124, 147, 163
 - coordonnées, 108-112
 - distribution interne, 112-120

Opérateurs cognitifs, 152-157, 163

Pensée institutionnelle, 73-75
Primitives, 148-152
Projet, 78-81

Représentations sociales, 125-144, 157
 - approche structurale, 129-131, 135-138
 - noyau, 131, 132
 - quasi-concept, 142-144, 152
 - transformation, 139, 144, 158
Rhétorique, 77-87, 135
Rumeurs, 51-55, 58-63, 90, 91, 95, 96, 147
 - négativité, 52, 61-63
 - surspécification, 95

Schèmes cognitifs de base, 131, 152-157
Schèmes épistémiques, 46, 48, 141, 147, 158, 163
 - de désignation, 141
 - de permanence, 46-48
 - du regard, 71
Stéréotypes, 32-34, 47, 48

Thêmata, 141

Table des matières

Avant-propos 7

Chapitre 1
Aigues-Mortes : les faits 13

Chapitre 2
De la foule 27

Chapitre 3
Ce qui se dit dans les cuisines 41

Chapitre 4
Des rumeurs 51

Chapitre 5
Le procès 65

Chapitre 6
Rhétorique de la violence ou ce que tuer veut dire 77

Chapitre 7
Les tours de mémoire 89

Chapitre 8
La construction des mondes politiques 103

Chapitre 9
Le social des représentations... 125

Chapitre 10
Les ressources de base des représentations.. 147

Conclusion 161

Annexe 165

Références.. 171

Index des notions 177

CHEZ LE MÊME ÉDITEUR

PSYCHOLOGIE ET SCIENCES HUMAINES
collection publiée sous la direction de MARC RICHELLE

1 Dr Paul Chauchard : LA MAITRISE DE SOI. *9ᵉ éd.*
7 Paul-A. Osterrieth : FAIRE DES ADULTES. *16ᵉ éd.*
9 Daniel Widlöcher : L'INTERPRETATION DES DESSINS D'ENFANTS. *13ᵉ éd.*
11 Berthe Reymond-Rivier : LE DEVELOPPEMENT SOCIAL DE L'ENFANT ET DE L'ADOLESCENT. *13ᵉ éd.*
22 H.T. Klinkhamer-Steketée : PSYCHOTHERAPIE PAR LE JEU. *4ᵉ éd.*
24 Marc Richelle : POURQUOI LES PSYCHOLOGUES? *6ᵉ éd.*
25 Lucien Israel : LE MEDECIN FACE AU MALADE. *5ᵉ éd.*
26 Francine Robaye-Geelen : L'ENFANT AU CERVEAU BLESSE. *2ᵉ éd.*
27 B.F. Skinner : LA REVOLUTION SCIENTIFIQUE DE L'ENSEIGNEMENT. *3ᵉ éd.*
29 J.C. Ruwet : ETHOLOGIE : BIOLOGIE DU COMPORTEMENT. *3ᵉ éd.*
38 B.-F. Skinner : L'ANALYSE EXPERIMENTALE DU COMPORTEMENT. *2ᵉ éd.*
40 R. Droz et M. Rahmy : LIRE PIAGET. *7ᵉ éd.*
42 Denis Szabo, Denis Gagné, Alice Parizeau : L'ADOLESCENT ET LA SOCIETE. *2ᵉ éd.*
43 Pierre Oléron : LANGAGE ET DEVELOPPEMENT MENTAL. *2ᵉ éd.*
45 Gertrud L. Wyatt : LA RELATION MERE-ENFANT ET L'ACQUISITION DU LANGAGE. *2ᵉ éd.*
49 T. Ayllon et N. Azrin : TRAITEMENT COMPORTEMENTAL EN INSTITUTION PSYCHIATRIQUE
52 G. Kellens : BANQUEROUTE ET BANQUEROUTIERS
55 Alain Lieury : LA MEMOIRE
58 Jean-Marie Paisse : L'UNIVERS SYMBOLIQUE DE L'ENFANT ARRIERE MENTAL
59 Jacques Van Rillaer : L'AGRESSIVITE HUMAINE
61 Jérôme Kagan : COMPRENDRE L'ENFANT
62 Michel S. Gazzaniga : LE CERVEAU DEDOUBLE
64 X. Seron, J.L. Lambert, M. Van der Linden : LA MODIFICATION DU COMPORTEMENT
65 W. Huber : INTRODUCTION A LA PSYCHOLOGIE DE LA PERSONNALITE. *7ᵉ éd.*
66 Emile Meurice : PSYCHIATRIE ET VIE SOCIALE
67 J. Château, H. Gratiot-Alphandéry, R. Doron et P. Cazayus : LES GRANDES PSYCHOLOGIES MODERNES
68 P. Sifnéos : PSYCHOTHERAPIE BREVE ET CRISE EMOTIONNELLE
69 Marc Richelle : B.F. SKINNER OU LE PERIL BEHAVIORISTE
70 J.P. Bronckart : THEORIES DU LANGAGE
71 Anika Lemaire : JACQUES LACAN. *8ᵉ éd. revue et augmentée.*
72 J.L. Lambert : INTRODUCTION A L'ARRIERATION MENTALE
73 T.G.R. Bower : DEVELOPPEMENT PSYCHOLOGIQUE DE LA PREMIERE ENFANCE. *4ᵉ éd.*
74 J. Rondal : LANGAGE ET EDUCATION
75 Sheila Kitzinger : PREPARER A L'ACCOUCHEMENT
76 Ovide Fontaine : INTRODUCTION AUX THERAPIES COMPORTEMENTALES
77 Jacques-Philippe Leyens : PSYCHOLOGIE SOCIALE. *nouvelle édition 1997*
78 Jean Rondal : VOTRE ENFANT APPREND A PARLER *3ᵉ éd.*
79 Michel Legrand : LE TEST DE SZONDI
80 H.J. Eysenck : LA NEVROSE ET VOUS
81 Albert Demaret : ETHOLOGIE ET PSYCHIATRIE
82 Jean-Luc Lambert et Jean A. Rondal : LE MONGOLISME. *4ᵉ éd.*
83 Albert Bandura : L'APPRENTISSAGE SOCIAL
84 Xavier Seron : APHASIE ET NEUROPSYCHOLOGIE
85 Roger Rondeau : LES GROUPES EN CRISE?

86 J. Danset-Léger : L'ENFANT ET LES IMAGES DE LA LITTERATURE ENFANTINE
87 Herbert S. Terrace : NIM. UN CHIMPANZE QUI A APPRIS LE LANGAGE GESTUEL
88 Roger Gilbert : BON POUR ENSEIGNER?
89 Wing, Cooper et Sartorius : GUIDE POUR UN EXAMEN PSYCHIATRIQUE
90 Jean Costermans : PSYCHOLOGIE DU LANGAGE
91 Françoise Macar : LE TEMPS, PERSPECTIVES PSYCHOPHYSIOLOGIQUES
92 Jacques Van Rillaer : LES ILLUSIONS DE LA PSYCHANALYSE. *4ᵉ éd.*
93 Alain Lieury : LES PROCEDES MNEMOTECHNIQUES
94 Georges Thinès : PHENOMENOLOGIE ET SCIENCE DU COMPORTEMENT
95 Rudolph Schaffer : COMPORTEMENT MATERNEL
96 Daniel Stern : MERE ET ENFANT, LES PREMIERES RELATIONS. *3ᵉ éd.*
97 R. Kempe & C. Kempe : L'ENFANCE TORTUREE
98 Jean-Luc Lambert : ENSEIGNEMENT SPECIAL ET HANDICAP MENTAL
99 Jean Morval : INTRODUCTION A LA PSYCHOLOGIE DE L'ENVIRONNEMENT
100 Pierre Oleron et al. : SAVOIRS ET SAVOIR-FAIRE PSYCHOLOGIQUES CHEZ L'ENFANT
101 Bernard I. Murstein : STYLES DE VIE INTIME
102 Rondal/Lambert/Chipman : PSYCHOLINGUISTIQUE ET HANDICAP MENTAL
103 Brédart/Rondal : L'ANALYSE DU LANGAGE CHEZ L'ENFANT. *2ᵉ éd.*
104 David Malan : PSYCHODYNAMIQUE ET PSYCHOTHERAPIE INDIVIDUELLE
105 Philippe Muller : WAGNER PAR SES REVES
106 John Eccles : LE MYSTERE HUMAIN
107 Xavier Seron : REEDUQUER LE CERVEAU
108 Moreau/Richelle : L'ACQUISITION DU LANGAGE. *5ᵉ éd.*
109 Georges Nizard : ANALYSE TRANSACTIONNELLE ET SOIN INFIRMIER
110 Howard Gardner : GRIBOUILLAGES ET DESSINS D'ENFANTS, LEUR SIGNIFICATION. *3ᵉ éd.*
111 Wilson/Otto : LA FEMME MODERNE ET L'ALCOOL
112 Edwards : DESSINER GRACE AU CERVEAU DROIT. *9ᵉ éd.*
113 Rondal : L'INTERACTION ADULTE-ENFANT
114 Blancheteau : L'APPRENTISSAGE CHEZ L'ANIMAL
115 Boutin : FORMATION ET DEVELOPPEMENTS
116 Húsen : L'ECOLE EN QUESTION
117 Ferrero/Besse : L'ENFANT ET SES COMPLEXES
118 R. Bruyer : LE VISAGE ET L'EXPRESSION FACIALE
119 J.P. Leyens : SOMMES-NOUS TOUS DES PSYCHOLOGUES?
120 J. Château : L'INTELLIGENCE OU LES INTELLIGENCES?
121 M. Claes : L'EXPERIENCE ADOLESCENTE
122 J. Hayes et P. Nutman : COMPRENDRE LES CHOMEURS
123 S. Sturdivant : LES FEMMES ET LA PSYCHOTHERAPIE
124 A. Pomerleau et G. Malcuit : L'ENFANT ET SON ENVIRONNEMENT
125 A. Van Hout et X. Seron : L'APHASIE DE L'ENFANT
126 A. Vergote : RELIGION, FOI, INCROYANCE
127 Sivadon/Fernandez-Zoïla : TEMPS DE TRAVAIL, TEMPS DE VIVRE
128 Born : JEUNES DEVIANTS OU DELINQUANTS JUVENILES?
129 Hamers/Blanc : BILINGUALITE ET BILINGUISME
130 Legrand : PSYCHANALYSE, SCIENCE, SOCIETE
131 Le Camus : PRATIQUES PSYCHOMOTRICES
132 Lars Fredén : ASPECTS PSYCHOSOCIAUX DE LA DEPRESSION
133 Mount : LA FAMILLE SUBVERSIVE
134 Magerotte : MANUEL D'EDUCATION COMPORTEMENTALE CLINIQUE
135 Dailly/Moscato : LATERALISATION ET LATERALITE CHEZ L'ENFANT
136 Bonnet/Tamine-Gardes : QUAND L'ENFANT PARLE DU LANGAGE
137 Bruyer : LES SCIENCES HUMAINES ET LES DROITS DE L'HOMME
138 Taulelle : L'ENFANT A LA RENCONTRE DU LANGAGE

139 de Boucaud : PSYCHOLOGIE DE L'ENFANT ASTHMATIQUE
140 Duruz : NARCISSE EN QUETE DE SOI
141 Feyereisen/de Lannoy : PSYCHOLOGIE DU GESTE
142 Florin et al. : LE LANGAGE A L'ECOLE MATERNELLE
143 Debuyst : MODELE ETHOLOGIQUE ET CRIMINOLOGIE
144 Ashton/Stepney : FUMER
145 Winkel et al. : L'IMAGE DE LA FEMME DANS LES LIVRES SCOLAIRES
146 Bideau/Richelle : PSYCHOLOGIE DEVELOPPEMENTALE
147 Schmid-Kitsikis : THEORIE CLINIQUE ET FONCTIONNEMENT MENTAL
148 Guggenbühl/Craig : POUVOIR ET RELATION D'AIDE
149 Rondal : LANGAGE ET COMMUNICATION CHEZ LES HANDICAPES MENTAUX
150 Moscato et al. : FONCTIONNEMENT COGNITIF ET INDIVIDUALITE
151 Château : L'HUMANISATION OU LES PREMIERS PAS DES VALEURS HUMAINES
152 Avery/Litwack : NEE TROP TOT
153 Rondal : LE DEVELOPPEMENT DU LANGAGE CHEZ L'ENFANT TRISOMIQUE 21
154 Kellens : QU'AS-TU FAIT DE TON FRERE?
155 Rondal/Henrot : LE LANGAGE DES SIGNES. 2e éd.
156 Lafontaine : LE PARTI PRIS DES MOTS
157 Bonnet/Hoc/Tiberghien : AUTOMATIQUE, INTELLIGENCE ARTIFICIELLE ET PSYCHOLOGIE
158 Giovannini et al. : PSYCHOLOGIE ET SANTE
159 Wilmotte et al. : LE SUICIDE
160 Giurgea : L'HERITAGE DE PAVLOV
161 Ionescu : MANUEL D'INTERVENTION EN DEFICIENCE MENTALE N° 1
162 Ionescu : MANUEL D'INTERVENTION EN DEFICIENCE MENTALE N° 2
163 Pieraut-Le Bonniec : CONNAITRE ET LE DIRE
164 Huber : PSYCHOLOGIE CLINIQUE AUJOURD'HUI
165 Rondal et al. : PROBLEMES DE PSYCHOLINGUISTIQUE
166 Slukin : LE LIEN MATERNEL
167 Baudour : L'AMOUR CONDAMNE
168 Wilwerth : VISAGES DE LA LITTERATURE FEMININE
169 Edwards : VISION, DESSIN, CREATIVITE. 3e éd.
170 Lutte : LIBERER L'ADOLESCENCE
171 Defays : L'ESPRIT EN FRICHE
172 Broome Walace : PSYCHOLOGIE ET PROBLEMES GYNECOLOGIQUES
173 Aimard : LES BEBES DE L'HUMOUR
174 Perruchet : LES AUTOMATISMES COGNITIFS
175 Bawin-Legros : FAMILLES, MARIAGE, DIVORCE
176 Pourtois/Desmet : EPISTEMOLOGIE ET INSTRUMENTATION EN SCIENCES HUMAINES. 2e éd.
177 Sloboda : L'ESPRIT MUSICIEN
178 Fraisse : POUR LA PSYCHOLOGIE SCIENTIFIQUE
179 Ruffiot : PSYCHOLOGIE DU SIDA
180 McAdams/Deliège : LA MUSIQUE ET LES SCIENCES COGNITIVES
181 Argentin : QUAND FAIRE C'EST DIRE...
182 Van der Linden : LES TROUBLES DE LA MEMOIRE
183 Lecuyer : BEBES ASTRONOMES, BEBES PSYCHOLOGUES : L'INTELLIGENCE DE LA 1re ANNEE
184 Immelmann : DICTIONNAIRE DE L'ETHOLOGIE
185 Collectif : ACTEUR SOCIAL ET DELINQUANCE
186 Fontana : GERER LE STRESS
187 Bouchard : DE LA PHENOMENOLOGIE A LA PSYCHANALYSE
188 Chanceaulme : MOURIR, ULTIME TENDRESSE
189 Rivière : LA PSYCHOLOGIE DE VYGOTSKY
190 Lecoq : APPRENTISSAGE DE LA LECTURE ET DYSLEXIE

191 de Montmolin/Amalberti/Theureau : MODELES DE L'ANALYSE DU TRAVAIL
192 Minary : MODELES SYSTEMIQUES ET PSYCHOLOGIE
193 Grégoire : EVALUER L'INTELLIGENCE DE L'ENFANT
194 Gommers/van den Bosch/de Aguilar : POUR UNE VIEILLESSE AUTONOME
195 Van Rillaer : LA GESTION DE SOI
196 Lecas : L'ATTENTION VISUELLE
197 Macquet : TOXICOMANIES ET FORMES DE LA VIE QUOTIDIENNE
198 Giurgea : LE VIEILLISSEMENT CEREBRAL
199 Pillon : LA MEMOIRE DES MOTS
200 Pouthas/Jouen : LES COMPORTEMENTS DU BEBE : EXPRESSION DE SON SAVOIR ?
201 Montangero/Maurice-Naville : PIAGET OU L'INTELLIGENCE EN MARCHE
202 Colin A. Epsie : LE TRAITEMENT PSYCHOLOGIQUE DE L'INSOMNIE
203 Samalin-Amboise : VIVRE A DEUX
204 Bourhis/Leyens : STEREOTYPES, DISCRIMINATION ET RELATIONS INTERGROUPES
205 Feltz/Lambert : ENTRE LE CORPS ET L'ESPRIT
206 Francès : MOTIVATION ET EFFICIENCE AU TRAVAIL
207 Houziaux : EDUCATION DU PATIENT ET ORDINATEUR
208 Roques : SORTIR DU CHOMAGE
209 Bléandonu : L'ANALYSE DES REVES ET LE REGARD MENTAL
210 Born/Delville/Mercier/Snad/Beeckmans : LES ABUS SEXUELS D'ENFANTS
211 Siguan : L'EUROPE DES LANGUES
212 de Bonis : CONNAITRE LES EMOTIONS HUMAINES
213 Retschitzki/Gurtner : L'ENFANT ET L'ORDINATEUR
214 Leyens/Yzerbyt/Schadron : STEREOTYPES ET COGNITION SOCIALE
215 Tiberghien : LA MEMOIRE OUBLIEE
216 Wynants : L'ORTHOGRAPHE, UNE NORME SOCIALE
217 Rondal : L'EVALUATION DU LANGAGE
218 Moreau : SOCIOLINGUISTIQUE, CONCEPTS DE BASE
219 Rouquette : LA CHASSE À L'IMMIGRÉ
220 Grubar/Duyme/Cote et al. : LA PRÉCOCITÉ INTELLECTUELLE DE LA MYTHOLOGIE À LA GÉNÉTIQUE
221 Pomini et al. : THÉRAPIE PSYCHOLOGIQUE DES SCHIZOPHRÉNIES
222 Houdé et al. : L'ESPRIT CARTÉSIEN AUJOURD'HUI

Manuels et Traités

Droz-Richelle : MANUEL DE PSYCHOLOGIE. *5ᵉ éd.*
Hurtig-Rondal : MANUEL DE PSYCHOLOGIE DE L'ENFANT (Tome 1). *5ᵉ éd.*
Hurtig-Rondal : MANUEL DE PSYCHOLOGIE DE L'ENFANT (Tome 2). *4ᵉ éd.*
Hurtig-Rondal : MANUEL DE PSYCHOLOGIE DE L'ENFANT (Tome 3). *4ᵉ éd.*
Rondal-Seron : LES TROUBLES DU LANGAGE (DIAGNOSTIC ET REEDUCATION). *2ᵉ éd.*
Fontaine/Cottraux/Ladouceur : CLINIQUES DE THERAPIE COMPORTEMENTALE. *2ᵉ éd.*
Godefroid : LES CHEMINS DE LA PSYCHOLOGIE. *2ᵉ éd.*
Seron-Jeannerod : NEUROPSYCHOLOGIE HUMAINE